시민이 주체인 법을 간절히 그리며

이 시대의 사법을 고민하다

최영승

PNC
publishing and culture
피앤씨미디어

책을 내놓으며

이 책은 그동안 제가 법학자로서, 시민운동가로서 검찰개혁을 비롯한 사법개혁에 힘써오면서 올바른 법 운용과 권력기관의 나아갈 바를 언론에서 제시한 것을 모은 것입니다. 책에는 시대를 겪어오면서 사법에 대한 저의 고민이 고스란히 담겨 있습니다.

글은 지금까지 숨가쁘게 진행되어 온 검찰개혁, 공수처 설치, 수사권 조정, 자치경찰 등과 같은 시민을 위한 개혁과제들에서 출발합니다. 그런 후 사법기관을 적법절차의 길로 인도하면서 인권을 향하여 나아가게 합니다. 그리하여 궁극적으로는 시민이 주인이 되고 주체가 되는 시민의 법률로 열매를 맺는 데 지향점을 둡니다.

시민의 법률은 법률권위주의를 극복하고 법률 문턱을 낮추어 말로만이 아닌 진정한 시민의 법률로 자리매김하자는 것입니다. 이러한 법률상은 법률과 법률가가 시민을 위하여 존재하고 봉사하는 것을 뜻합니다.

이 글을 읽으면 제가 처음 기고를 시작하던 2004년경부터 지금까지 시대에 따른 우리 사회의 인권의식과 현실이 차례로 나타나면서 시대적 인권변천사를 알 수 있을 것입니다.

이 중에서 검찰개혁, 수사권 조정, 공수처 설치와 같이 그 사이 법에 반영되거나 현실이 바뀐 것도 있습니다. 하지만 아직 그 구체적 모습을 그리는 과정에 있으므로 바람직한 사법정책 모색 및 운용방향으로 나아가는 데 도움이 되었으면 하는 기대섞인 설렘을 가져봅니다.

이 글들에서 저의 법률과 사법기관에 대한 눈높이가 철저하게 민초인 시민에 맞추어져 있으며 시민의 법률로 향하고 있음을 알게 될 것입니다. 법률, 법률가 그리고 사법기관을 바른 방향으로 이끄는 데 조금이라도 도움이 되기를 바랍니다. 그리하여 철저히 시민의 법률로 자리매김하게 할 수 있다면 더 바랄 것이 없겠습니다.

이 글들 대부분 기고문을 그대로 옮기지만 일부 전문적인 제목을 쉬운 말로 고치고, 일부 문맥을 좀 더 정확하게 하고, 큰 주제가 끝나는 곳에서 글의 설명을 덧붙여 바뀐 현실을 반영하고 또 어려운 법용어를 쉽게 풀이하여 이해를 돕고자 하였음을 밝혀 둡니다.

이 글은 끝이 아닙니다. 올바른 법률 운용 및 사법기관의 모습에 대한 저의 사고는 현재 진행형이라고 할 수 있습니다.

2020. 6. 10.

저자 씁니다

차 례

1 개혁입법

2 적법절차의 길

3 인권을 향하여

4 시민의 법률

1

개혁입법

검찰개혁, 논의는 신중히 처리는 신속히

정치권이 정부조직개편안과 더불어 검찰개혁안에 합의함으로써 논란이 되어 오던 검찰개혁이 새로운 전기를 맞게 됐다. 알려진 대로 특별감찰관제와 연계한 상설특검제 도입, 대검 중수부 폐지, 법무부 요직에의 검사임용 제한, 검찰인사위원회에 실질적 권한 부여, 비리검사 개업 제한, 검사장 이상의 직급 규모 축소 등이 그것이다. 그리고 직급조정 부분을 제외하고는 올 상반기 중 입법조치를 완료한다는 것이다. 이들 개혁안은 지금까지 꾸준히 검찰을 둘러싸고 제기돼 오던 문제들로서 여야 합의로 검찰개혁의 큰 틀이 만들어졌다는 점에서 그 의미를 부여할 수 있다.

문제는 이 합의안에 대한 실천의지 및 그 방향에 있다. 무릇

개혁은 새 정부 출범 초기에 신속히 마무리지어야만 가능하다는 사실을 지난 역사에서 수없이 보아왔다. 2011년에도 중수부 폐지 등에 대한 여야 합의가 있었으나 이행되지 않은 것이 그 좋은 예다. 특히 검찰개혁은 당사자인 검찰의 조직적 반발 혹은 이를 둘러싼 이해집단의 첨예한 충돌이 예상된다. 따라서 빠른 시간에 이를 끝내지 않으면 물건너갈 수 있다.

그렇다고 정치권이 스스로 정한 합의 시한에 발목 잡혀 밀어붙이기 식으로 진행해선 곤란하다. 또한 검찰개혁이라고 해서 기존의 검찰을 전면 부정하는 것이어서도 안 된다. 개혁이라는 것도 기존 제도에 터 잡아 발전적으로 이루어져 나가는 것이기 때문이다. 이러한 점에서 검찰개혁은 당사자인 검찰을 포함해 각계 대표로 구성되는 국회 차원의 특위를 통해 충분히 논의를 진행하되 현 제도의 효율성을 훨씬 뛰어넘는 새로운 내용을 담아 내는 것이어야 한다. 그렇지 않으면 개혁안이 자칫 특권층에게 비리로부터의 탈출구를 제공한다거나 옥상옥이라는 비난을 면하기 어렵다.

이에 이번 여야 합의안에 대한 구체적인 내용을 담아가는 데 있어서 다음과 같은 점이 고려돼야 할 것으로 본다.

첫째, 대검 중수부의 폐지에 따른 상설특검은 무엇보다 정치적 중립이 보장될 수 있는 특검 임명방식의 합리성이 요구된다. 또한 기존의 검찰과 중복되지 않으면서 수사의 효율성을 보장할 수 있는 방법이 모색돼야 한다.

둘째, 법무부 주요직의 검사임용 제한은 검찰에 대한 업무를 관장하는 부서 외에 교정, 인권옹호, 출입국관리 등은 해당 부서의 일반직 공무원이나 개방직만으로 임용하도록 해야 한다.

셋째, 검찰인사위원회는 이전처럼 비공개리에 법무부 장관이나 검찰총장이 상정한 인사안을 소극적으로 승인하는 방식이어서는 안 된다. 법무부나 대검찰청의 감찰자료 및 검찰권 행사의 불공정 사례 등을 참고해 필요한 경우 위원회가 적극적으로 인사에 관여하는 방안을 마련해야 할 것이다.

넷째, 비리검사에 대해서는 차제에 형사처벌이나 징계와는 별개로 그 정도에 따라 퇴직 후 변호사 개업을 금지하거나 제한하는 내용을 법제화해야 한다. 그래야만 국민을 위해 묵묵하게 소신껏 일하는 검사들이 자긍심을 가질 수 있는 여건이 마련될 수 있다.

다섯째, 법무부와 검찰의 직급인플레는 다른 정부부처 공무원의 사기에 적지 않은 악영향을 미쳐왔을 뿐만 아니라 검찰 내부적으로는 조직이기주의의 방패수단으로 이용돼 온 감이 있다. 이 문제는 앞에서 언급한 검찰개혁안들에 부수하여 해결될 수도 있는 것인 만큼 선행개혁안이 중요한 또 하나의 이유이기도 하다.

우여곡절 끝에 새 정부의 '검찰개혁의 닻'이 올랐다. 이번에도 검찰개혁이 유야무야되거나 용두사미로 끝난다면 정치권이나 검찰 모두 국민적 저항에 직면할 수도 있음을 명심해야 한다. 정치권은 마음을 열고 개혁 취지를 되살리는 방향으로 이를 이끌어내는 데 진력해야 하고, 검찰 또한 이를 시대의 소명으로 받아들여 거듭나는 계기로 삼아야 할 것이다. 개혁은 국민 모두를 위한 것이다.

〈경향신문 2013. 4. 1〉

경찰 수사권 독립의 전제조건

검찰과 경찰의 수사권 조정을 놓고 두 기관 간의 물밑 경쟁이 뜨겁다. 경찰은 연이은 검찰 비리에 따른 여론 악화에 힘입어 새 정부에서는 기필코 독자적 수사권을 획득하겠다는 의지이다. 반면에 검찰은 어떻게든 이번에도 이를 저지하려고 총력을 기울이고 있다.[1]

경찰 수사권 독립 문제는 어제오늘의 일이 아니다. 정권이 바뀔 때마다 단골 메뉴로 등장해 온 핫이슈이다. 하지만 법무부와 검찰의 조직적 반대에 부닥쳐 번번이 무산된 경험이 있다. 이러한 까닭에 당사자에게 맡겨 놓으면 그 해결의 실마리를 찾기 어렵다는 것이 중론衆論이다. 주권자인 국민이 나설 수밖에 없는 이유가 여기에 있다.

경찰의 무책임과 검찰의 전횡으로 대표되는 현행 검경 수사 체계는 많은 문제가 있다. 수사권과 기소권을 동시에 가진 한국 검찰의 권한은 세계에서 유례를 찾아보기 힘들 정도로 막강하다. 권력은 적절한 견제와 균형 속에서 비로소 적정하게 작동될 수 있는 것이란 점에서 보면 검찰 주도의 현행 수사 시스템의 변화가 불가피하다. 특히 꼬리를 무는 검찰 비리를 막기 위해서도 정치권을 중심으로 수사권 조정이 필요하다는 목소리가 높다.

형사사건 전체로 보면 검찰의 재조사 없이 경찰의 수사만으로 재판에 넘겨지거나 불기소로 끝나는 사건이 대부분을 차지한다. 사실상 경찰이 폭넓은 수사권을 행사하고 있음을 알 수 있다. 이러한 현실을 감안하면 '수사는 경찰이, 기소는 검찰이' 각각 맡는 방향으로 조정되는 것이 바람직하다.

이 경우에도 14만 명에 이르는 거대 경찰 조직의 속성상 자칫 경찰국가화 현상이 재연될 수도 있는 만큼 신중한 논의가 필요함은 물론이다. 정권과 결탁된 비대한 경찰권의 폐해가 얼마나 심각했는가는 지나간 역사가 잘 말해 준다.

여기서 경찰에 독자적 수사권을 부여함에 있어서 몇 가지 전제조건을 제시해 본다.

첫째, 전면적인 자치경찰제로 전환되어야 한다. 자치경찰제는

2007년 제주특별자치도에서 처음 도입하여 실시되고 있다. 이를 전국적으로 확대 시행하여야 한다는 것이다. 주민의 생명과 안전 보호도 자치단체장의 권능에 속한다고 보면 자치단체장이 치안 서비스까지 주민들에게 책임지는 것이 수사권 조정의 의미에 근접하기 때문이다.

둘째, 자치경찰에 일반수사권을 넘겨 완전한 자치경찰제를 정착시켜야 한다. 대신 국가경찰은 테러, 마약, 국제, 광역범죄 등과 같이 자치경찰이 다루기에 쉽지 않은 특수범죄 수사와 자치경찰 지원기관으로의 재편이 필요하다. 제주의 경우에서와 같이 수사를 제외한 교통 등 일부 기능의 이관만으로는 의미가 없다. 그랬다가는 국가경찰이 수사권력에만 욕심이 있다는 것으로 비치기 십상이며, 자치경찰제의 취지에도 어긋난다. 이런 식의 조정이라면 차라리 안 하느니만 못하다.

셋째, 경찰 수사권 독립에 따른 확실한 견제책이 마련되어야 한다. 그렇지 않으면 경찰이 거대 권력화하거나 자치단체장이 경찰권까지 거머쥠으로써 정치적인 악용이 우려된다. 정치적 중립성을 띠는 자치경찰위원회와 같은 제도를 두어 이를 통제하여야 하는 까닭이다. 나아가 공직자나 대기업 비리 등에 대한 수사 기능을 일부 지방검찰청에 남겨 두는 것도 그 견제책 및 보완책이

될 것이다.

넷째, 권한을 합당하고 민주적으로 행사할 수 있도록 경찰 내부의 체질이 확 바뀌어야 한다. 아직도 일선 수사 현장에서 당사자들의 의견이 무시되고 인권침해까지 발생하는 상황에서 국민은 경찰을 못미더워한다. 이것이 또한 반드시 자치경찰이 실시되어야 하는 이유이기도 하다. 이참에 간부후보 양성 본래의 취지가 변질되어 조직 내 갈등요인일 뿐만 아니라 자치경찰제와도 맞지 않은 경찰대학도 폐지하여 체질을 개선할 필요가 있다.

새 정부에서는 어떤 형태로든 수사권의 조정이 이루어지기를 기대한다. 다만 위에서 언급한 것들을 전제로 혹은 동시에 진행하되 조직이기주의에서 벗어나 철저히 국민의 입장에서 논의가 진행되어야 함을 유의하여야 한다. 치안 서비스의 수요자는 국민이기 때문이다.

〈이투데이 2017. 5. 10〉

법무부 제자리 찾기, 검찰개혁의 출발점이다

검찰개혁은 문재인 대통령의 주요 공약 중 핵심을 이룬다. 더군다나 그것이 모든 대선후보들의 공통된 공약이었음을 상기할 때 더 이상 미루어서도, 적당히 넘어가서도 안 될 일임을 알 수 있다.

법학자 출신 조국 전 교수를 민정수석에 앉힌 것도 그런 이유에서라고 본다. 새 정부 들어 검경수사권 조정을 필두로 많은 검찰개혁 방안이 거론되고 있다. 그중에서도 초석이 되는 것이 법무부의 제자리 찾기라고 할 수 있다.

일전에 참여연대 사법감시센터가 제안한 정책자료에 따르면 법무부 국장·실장급 주요 보직 10개 중 9개를 검사장급 검사가 독식하고 있을 뿐만 아니라, 과장급 직책 64개의 절반인 30여 개를 검사가 차지하고 있다. 현재 법무부에서 근무하는 검사가 86명이라고 하니, 검사 수로만 보면 웬만한 지방검찰청보다 큰 규모이다. 이러니 항간에서 법무부를 '검찰부'라고 부를 만도 하다.

법무부는 인권·검찰·교정·출입국사무 등을 관장하면서 법 질서 확립과 인권 옹호를 업무로 하고 있으며, 이 모든 업무를 치우침 없이 효율적으로 수행할 것이 요구된다. 그런데 검찰에 의하여 장악된 현 상태로서는 법무부 본래의 기능을 다하기 어렵다. 오히려 중요 정책이 검찰 위주로 흘러가기 십상이다.

지난해 헌법재판소의 위헌 결정을 통하여 드러난 교정시설의 과밀 수용 실태는 법무행정의 현주소를 그대로 나타낸다. 정작 인권을 수호해야 할 기관에서 스스로 방치한 사태가 발생한 것이다. 이는 법무부가 주로 검찰의 입장을 대변하는 역할을 해온 데서 비롯된 바가 커 보인다.

사정이 이렇다 보니 검찰의 정치적 중립성 시비가 끊이지 않고 있다. 임기제 검찰총장과 같은 중립화를 위한 제도적인 장치가 마련되어 있지만, 제대로 지켜지지 않고 있다. 정권 교체기에 임기를 다 채우고 물러나는 검찰총장이 거의 없다는 사실이 이를 말해 준다. 이는 현실적으로 검찰이 정권으로부터 자유롭지 못하며, 오히려 유착관계에 있었음을 알게 해 준다.

법무부 장관은 법무행정에 대하여 대통령을 보좌하는 자리이다. 검찰과의 관계에서는 정권과 검찰 사이에서 견제와 균형을 이루는 역할을 하여야 한다. 그런 법무부 장관이 검사 일변도의 법무부 조직, 검찰 인사권과 예산권을 통하여 검찰을 지배해 오면서 자연스레 청와대와의 연결고리를 형성하여 왔다. 검찰이 법무부의 눈치를 볼 수밖에 없는 이유이다. 이런 까닭에 진작부터 법무부 검찰국은 엘리트 검사들의 출세 코스로 자리매김해 왔고, 그 외의 부서도 승진 전 순환보직용으로 인식되어 왔다.

법무부와 검찰이 한 몸통인 구조에서 검찰의 정치적 중립성은 애초에 기약하기 어려운 면이 있었다. 최근 세상을 떠들썩하게 했던 '돈봉투 만찬 사건'[2]은 두 기관의 관계를 보여주는 단적인 사례이다. 법무부가 검찰에 장악당하고 검찰이 그런 법무부에 예속됨으로써, 그동안 검찰은 정권의 입맛에 맞는 권력기관으로 길들어져 왔다. 법무부 제자리 찾기가 탈脫검찰화를 의미한다면, 이것이 곧 검찰개혁의 출발점임을 알게 하는 대목이다.

이번 기회에 검찰의 정치적 중립성에 걸림돌이었던 법무부의 체질을 완전히 뜯어고쳐야 한다. 우선 검찰국을 제외한 주요 보직을 해당 부서의 공무원들에게 되돌려 주어야 한다. 장기적으로는 검찰국도 장관의 검찰정책을 보좌하는 수준 정도로만 유지하는 것이 타당하다. 나아가 법무부가 틀어쥐고 있는 검찰 인사권과 예산권 또한, 검찰에 돌려주어 검찰의 독자성을 보장케 해야 한다.

그동안 세간의 관심을 끌던 법무부 장관 후보로 민정수석에 이어 역시 법학자 출신의 비법조인 안경환 교수가 지명되었다.[3] 새로 탄생한 정권이 법무부 탈검찰화를 공언하고 있는 만큼, 안 지명자를 인선한 데서 그 의지를 읽을 수 있겠다. 수장이 누가 되든 그 해답을 멀리서 찾을 것 없다. 행정자치부와 경찰의 관계를 보면 법무부와 검찰의 갈 길이 보인다.

〈이투데이 2017. 6. 12〉

자치경찰, 제대로 하자

자치경찰은 새 정부가 야심차게 밀어붙이고 있는 검·경 수사권 조정의 전제이자 경찰개혁의 핵심이다. 지금까지 몇 차례 시도가 있었으나, 결실을 맺지 못하고 미완의 과제로 미뤄져 왔다. 이것이 최근 검찰개혁 작업이 가시화됨에 따라 경찰개혁의 일환으로 다시금 급물살을 타기 시작했다.

국정기획자문위원회가 발표한 100대 국정과제를 보면 경찰권 분산 및 인권경찰 확립 방안으로 자치경찰을 예정하고 있다. 이에 따르면 광역 단위로 2018년 시범 실시를 거쳐 2019년부터 전면 실시한다. 경찰권 분산은 권력의 '견제'와 '균형'이라는 정치공학적 의미도 있지만, 자치경찰을 통하여 주민의 인권 향상에 기여한다는 측면이 크다. 자치경찰이 '인권 친화적 경찰'의 궁극적인 지향점인 이유이다.

1991년 주민 스스로 지방의회를 구성하면서 지방자치가 본격화한 지 사반세기四半世紀가 지났다. 시행 초기 중앙정부의 축소에 따른 관료들의 저항과 새로운 시도에 대한 불확실성으로 말미암아 기대 반 걱정 반으로 출발한 지방자치였다. 하지만 오늘날 시민들은 활발한 참여를 통하여 풀뿌리 민주주의를 몸소 체험하고 있으며, 민권民權과 공공서비스의 획기적인 향상으로 그 실험이 기대 이상의 성공을 거두고 있음을 느낀다.

그럼에도 불구하고 치안 서비스는 해방 이후 70여 년 지속되어 온 강력한 중앙집권의 틀에서 아직껏 벗어나지 못하고 있다. 치안은 주민의 생명, 안전, 재산과 직결된다는 점에서 교육과 함께 지방자치의 중요한 내용을 이룬다. 따라서 자치경찰이 수사권 조정과 연계하여 추진되어야 한다는 경찰의 주장은 설득력이 약하다. 게다가 지역별 특성에 따른 치안 수요는 국가경찰에 의한 획일적인 서비스로는 더 이상 주민들의 욕구를 충족시키는 데 한계가 있음을 말해 준다.

경찰이 구상하는 자치경찰은 제주에서 시행하고 있는 경찰 체제와 유사한 것으로 알려져 있다. 지방경찰청 및 경찰서에서 교통, 방범 등의 일부 행정 기능을 자치경찰에 넘기고, 수사, 정보, 보안 기능만으로 기존의 체계를 유지하겠다는 입장이다.

그러나 제주의 경우 그동안 무늬만 자치경찰이라는 비판이 꾸준히 제기돼 왔다. 그 실상을 보면 원래 자치단체가 행하던 특별사법경찰에 일부 국가경찰 기능을 흡수하여 새로운 기구를 하나 더 만든 것에 불과하다.

사정이 이러한데도 경찰이 자치경찰을 내세워 수사권 독립을 쟁취하려 든다면, '제 잇속 챙기기'에 급급하다는 비난에 직면할 수 있음을 알아야 한다. 지금의 경찰이라는 그릇에 독자적인 수사권을 담기에는 국민의 눈에 여전히 불안하게 여겨지는 까닭도 여기에 있을 것이다.

진정한 자치경찰이라면 우선 조직 면에서 지방경찰청 단위 이하의 경찰관서를 국가 소속에서 자치단체 소속으로 전환하여 주민의 감시 아래 둬야 한다. 이 경우에도 자치단체로부터 독립된 의결기구인 자치경찰위원회를 두어 지방경찰청장 등의 임명제청권을 행사케 함으로써 자치단체장의 정치적인 입김을 차단할 수 있도록 해야 한다.

국가경찰은 기능 면에서 치안정책 수립의 총괄, 자치경찰의 지원 및 전국적인 통일성이 필요한 업무 수행에 국한돼야 한다. 수사권에 있어서도 국제범죄나 조직범죄 등과 같은 국가 차원의 대응이 필요한 범죄 이외의 일반적인 수사권은 모두 자치경찰로 넘기는 방식이어야 한다.

수사권 없는 자치경찰이 얼마나 비효율적인지는 제주의 사례에서 수차례 봐왔다. 단속업무 중 공무집행방해가 있어도 국가경찰에 요청해야 하는 우스꽝스런 모습이 현재의 제주 자치경찰이다. 주민이 바라는 자치경찰의 모습과는 영 딴판이다.

21일 바람직한 자치경찰의 방향 모색을 위하여 서울시청에서 개최된 포럼 행사장을 꽉 메운 청중들의 열기는 자치경찰에 대한 시민들의 뜨거운 관심을 보여준다. 특히 "제주(자치경찰)처럼만 안 하면 된다"는 것이 결론이라던 토론 사회자의 단언斷言은 향후 자치경찰의 모습이 어떠해야 하는가를 말해 준다. 검찰개혁에서 촉발된 경찰개혁을 자치경찰로 꽃피울 때다.

〈이투데이 2017. 7. 27〉

자치경찰로 가야 하는 까닭

이철성 경찰청장과 강인철 경찰중앙학교장 간의 사회관계망서비스SNS 글 삭제 여부를 두고 벌어진 설전과 잇따른 대국민사과를 본 국민은 경찰의 한심한 모습에 눈살을 찌푸렸을 것이다.

2016년 11월 광주지방경찰청이 페이스북에 올린 "연일 계속되는 촛불집회에 성숙된 시민의식을 보여주신 민주화의 성지, 광주시민 여러분께 다시 한번 감사드립니다."라는 홍보글이 사건의 발단이다. 이 글을 문제삼아 이 청장이 당시 광주청장이던 강 교장을 질책하였고 곧바로 글이 삭제되었다는 것이다.

지난해 11월은 박근혜 정권 퇴진을 요구하며 광화문에서 시작된 촛불의 물결이 전국 곳곳에 불붙던 때로 광주도 예외는 아니었다. 촛불집회와 관련하여 광주지방경찰청이 페이스북에 올린

글은 시민의 질서 유지와 안전을 책임진 경찰로서는 지극히 당연한 것이었다. 시민들의 질서 있는 행동을 치켜세우는 경찰의 모습은 이전의 경찰과는 확연히 달랐다.

얼마 전 국정기획자문위원회가 발표한 국정 100대 과제에서 2019년 전면적 자치경찰 실시가 언급되었다. 만약 당시의 광주경찰이 국가경찰이 아닌 자치경찰이었더라면 이런 사태가 벌어질 수 있었을까? 아마도 주민밀착형인 자치경찰의 성격상 '민주화의 성지'보다 더한 표현을 썼으면 썼지 덜하지는 않았을 것이란 생각이 든다. 이번 사태는 왜 자치경찰을 실시해야 하는지를 보여주는 단적인 사례다. 국가경찰 체계에서 꿈도 꾸지 못할 일을 지역경찰 스스로 해낸 것이다.

검경 수사권 조정을 앞두고 가뜩이나 국민들로부터 인권감수성을 의심받고 있는 경찰이다. 하지만 인권을 멀리서 찾을 것 없다. 시민의 인권을 가장 잘 기약할 수 있는 것이 자치경찰이며 자치경찰의 한 지향점 또한 시민의 인권보호라는 사실을 생각하면 금방 답이 나온다.

이런 점에서 자치경찰은 수사권 조정과 별개로 반드시 예정대로 시행되어야 한다. 다만 자율방범대에 가깝다는 비웃음을 사기도 하는 제주 자치경찰과는 완전히 다른 모습이어야 한다. 지방경찰청 이하 경찰조직을 국가경찰에서 떼 내어 자치단체에 편입시키고 일반적 수사권까지 부여하는 온전한 자치경찰이어야 한다. 국가경찰이 지방경찰까지 장악하려는 과욕을 부린다면 이번과 유사한 사태가 재발하지 않으리란 법이 없다. 이번 사태를 주민밀착형 자치경찰로 환골탈태케 하는 경찰개혁의 디딤돌로 삼아야 마땅하다.

〈경향신문 2017. 8. 23〉

공수처, 제대로 만들자

지난해 최순실의 국정농단 사태로 촉발된 국가적 대혼란 속에서 주권자 국민이 밝힌 촛불의 빛은 국가의 비전을 밝혀주었다. 이 사태를 둘러싼 흑막이 양파 껍질과도 같이 하나둘 벗겨지자 거대한 비리의 먹이사슬이 얽혀 있음이 밝혀졌다. 이러한 총체적 부패 상황은 기존의 검찰, 특별검사나 특별감찰관제도의 한계를 그대로 보여주었다. 이로써 오랫동안 논의만 무성하던 고위공직자범죄수사처(이하 공수처) 설치가 다시금 급물살을 타게 되었다.[4]

공수처는 수사권과 기소권을 동시에 가지는 기관이다. 쉽게 말하면 지금까지 보아 온 특검이 상설화되는 것과 같다. 이는 2006년 참여연대가 그 도입을 주장한 이래 그동안 17차례나 국회에 입법발의되어 온 이력이 있다. 그러나 그때마다 정치권의 무관심과 법무부와 검찰의 반대로 번번이 제대로 된 논의조차 못하고 폐기되는 신세를 면치 못하였다. 표면적으로는 총량만 늘이는 옥상옥屋上屋이라는 것이 그 이유였으나 이면에는 그에 대한 두려움 또한 있었을 것임이 분명하다. 공수처는 검사는 물론 검찰이 손대지 못한 대통령 측근을 비롯한 고위공직자의 권력형 비리 척결을 목표로 삼기 때문이다.

공수처가 왜 필요하냐고 묻는다면 대략 다음과 같이 말할 수 있겠다. 첫째, 권력형 비리로 오염된 나라를 정화시키기 위한 것이다. 공수처는 무엇보다도 정권실세나 권력자들의 비리를 척결하는 데 목적이 있다. 대체로 대통령 및 그 비서실 등의 고위직 공무원, 차관급 이상 공무원, 국회의원, 검사, 법관 등과 같은 성역으로 여겨진 이들이 그 대상이 될 것이다. 일각에서는 검찰의 존재를 이유로 효율성 문제를 들지만 이는 반대를 위한 반대에 불과하다. 막강한 권한을 가진 검찰이 살아있는 권력에 대하여 제대로 칼을 들이댄 적이 있었던가. 오히려 집권세력에 장악당하여 정권지킴이 역할에 충실한 감이 없지 않았다. 이런 상황에서 대통령 주변 권력자들의 부패는 끝간 데를 모르고 독버섯처럼 자라나 최순실 국정농단 사건에서 그 정점을 찍었다. 진작 공수처가 있었더라면 이런 국가적 불행이 발생하지 않았을지도 모른다.

둘째, 무소불위 검찰을 제자리에 돌려놓기 위하여도 필요하다. 알다시피 우리 검찰은 수사권과 기소권을 동시에 장악하여 세계에서 유례를 찾기 힘들 정도로 막강한 권력을 휘두르고 있다. 이런 검찰권에 구애를 펼치며 집권세력이 내미는 손을 맞잡고 검찰은 그에 의지하여 끝없이 권한 확대를 추구해 왔다. 그 결과 검찰은 통제 불능의 권력기관으로 자가발전해 왔으며 내부적으로 상상하기 어려운 부패가 싹터 왔다. 스폰서 검사, 그랜저 검사, 성추문 검사, 벤츠 검사, 오피스텔 123채 변호사 전관예우, 120억원 주식대박 현직 검사장 사건 등 일일이 나열할 수 없을 정도다.

정작 문제가 불거질 때마다 검찰은 늑장수사 및 제 식구 비리 감싸기에 탁월함을 보여주었다. 검찰이 바로 서면 나라가 바로 서는 것이 아니라 검찰만 바로 서면 나라가 바로 서는 처지에 놓였다. 한편 공수처는 권력형 비리를 척결하는 과정에서 필연적으로 검찰권의 분산 및 견제기능을 수행하고 이것이 공정한 검찰권 행사를 가능케 한다는 순기능도 있다. 공수처가 비록 검찰수사에 대한 불신에서 비롯되었다지만 검찰 제자리 찾기의 일환이기도 한 이유가 여기에 있다.

셋째, 상설특검과 특별감찰관의 유명무실이다. 한국사회에서 특검제는 검찰수사에 대한 불신의 산물이다. 하지만 상설특검법이라고 알려진 특검법은 실상을 알고 보면 '상설'이 아닌 특검 '임명절차법'에 불과하다. 따라서 특검 수사를 하려면 여전히 국회 의결을 거쳐야 한다. 뿐만 아니라 대통령의 친인척 등 대통령과 특수관계에 있는 사람의 비위 행위에 대한 감찰을 위한 특별감찰관제도 또한 식물감찰관으로 불린다. 청와대가 감찰 내용 유출 의혹을 제기하면서 반강제적으로 쫓아낸 이석수 초대 특별감찰관의 예에서 보듯이 실효성이 전혀 없다. 오히려 예산 낭비 요인을 이유로 폐지하자는 주장도 나오는 데서 결국 공수처만이 유일한 대안임을 말해준다.

중요한 것은 공수처의 방향이다. 아무리 공수처가 필요하다지만 그 단추를 잘못 꿰면 누더기 법률이라는 오명을 쓰고 있는 특검법이나 특별감찰관법에 다름없을 것이다. 누가 뭐래도 공수처는 정치적 중립성이 그 핵심이다. 그런 측면에서 우선 독립기구로서의 성격을 분명히 해야 한다. 그래야만 정권의 입맛에 따라 조직의 향방이 좌우되지 않을 것이기 때문이다. 공수처 스스로의 규칙제정권과 독자적 예산편성권이 주어져야 하는 이유이다.

다음으로 공수처장의 자격요건을 변호사 자격 소지자에 한정할 이유가 없다. 처장에게는 실무보다는 조직을 독립적·중립적으로 이끌 수 있는 자질이 중요하다. 이러한 자질이 반드시 판사, 검사 및 변호사 경력에서 나오는 것은 아니다.[5] 또한 처장 임명은 국회소속의 국회추천위원들로 구성된 추천위원회에서 후보를 추천하여 대통령이 형식적으로 임명하는 방식이어야 할 것이다. 처장 후보자의 다양화나 국회에 의한 후보 추천을 통하여 법조인만의 것이 아닌 국민의 공수처로 자리매김해야 한다.

마지막으로 검찰청 검사의 공수처 검사로의 진입을 최대한 억제하여야 한다는 점이다. 만약 현직 검사 퇴직 후 곧바로 공수처 검사로 나아갈 수 있게 하면 검찰에 의하여 장악되어 기구의 효율성 문제에 시달릴 수 있다.

새 정부의 적폐청산 작업이 숨가쁘게 진행되고 있다. 검찰이 선봉에 서서 그 중요한 일익을 담당하고 있는 모양새다. 그 잘나가던 박근혜 정권 권력의 상징처럼 보이던 '문고리 3인방'도 하나같이 구치소로 향했다.

그런데 이 엄동설한에 적폐청산을 향한 검찰의 칼날이 매섭게 몰아칠수록 더 강해지는 의구심이 있다. 혹 검찰이 자신에 대한 개혁 요구를 물타기하려는 것은 아닐까라는 노파심이다. 검찰의 입장에서는 억울할 수도 있겠지만 지난 시절을 경험한 국민의 눈에는 그렇게 보일 수도 있다. 이래서 평소 본분에 충실할 수 있는 공수처가 필요한 것이다. 공수처가 설치되면 최근 일부 야당에서 주장하는 국가정보원과 검찰의 특수활동비 관련 특검 요구도 필요 없게 된다. 고위공직자의 직무 관련 범죄로서 당연히 공수처에서 수사할 것이기 때문이다.

〈프레시안 2017. 12. 1〉

공수처,
수사권 조정,
그리고 자치경찰

새 정부 들어 질풍노도와 같이 시작된 검찰개혁이 예상과 달리 더딘 걸음을 하고 있다. 정치권의 이해에 따라 고위공직자범죄수사처(이하 공수처) 논의에서 한 발짝도 나아가지 못하고 있는 탓이다. 지난 정권의 국정농단 사태를 경험하면서 검찰수사에 대한 불신의 대안으로 급부상한 것이 공수처다. 현재 국회에 입법발의 중인 법안만도 5개이고 법무부도 자체 방안과 함께 조속한 설치에 협조하겠다는 입장을 밝힌 상태다. 공수처에 대한 국민의 여망이 어떠한지를 짐작게 하는 대목이다.[6]

그럼에도 불구하고 이를 두고 '옥상옥'이니 '수사권 조정'만이 대안이라느니 하는 말로 일부 본질을 호도하고 있음이 눈에 띈다. 이는 반대를 위한 반대나 공수처 논의로 인해 혹여 수사권 조정이 물건너가지는 않을까 하는 다급한 마음에서 비롯된 것임을 잘 알고 있다.

공수처는 검찰권을 분산시켜 대통령 측근이나 정권실세 및 검사를 비롯한 고위공직자의 비리를 척결하고자 하는 기구로 설계되고 있다. 그 본질은 우리 사회를 오염시켜 온 권력형 비리를 근절하는 데 있다. 이는 검찰수사 불신이나 무소불위 검찰에 대한 견제에서 비롯된 바가 크기 때문에 검찰개혁의 일환으로 추진되는 모양새를 띠고 있다.

이러한 이유에서 공수처는 그 권한은 검찰과 유사하나 기구의 성격 및 지위 면에서는 확연히 달라야 한다. 대략적으로 보면 정권의 영향을 받지 않는 독립기구로 설치되어야 하며, 처장자격을 변호사 자격자에 한정하지 않고 기구를 중립적으로 이끌 수 있는 자질을 가진 국민이면 누구나 가능하도록 하며, 처장임명도 국회 추천의 위원회에서 추천한 자를 임명하는 방식이어야 하며, 검찰청 검사의 임용을 엄격히 제한하여 옥상옥이라는 우려를 불식시켜야 한다는 것이 그것이다.

공수처를 두고 수사권 조정 및 자치경찰과 관련하여 말들이 무성하다. 하지만 공수처 앞에서 검찰, 경찰이 따로 있을 수 없다. 검찰에 대한 견제가 현재권력에 대한 것이라면 경찰에 대한 그것은 수사권 조정 후 미래권력에 대한 것이라는 점에서는 다를 바 없기 때문이다. 이 점에서 검경수사권 조정이 공수처의 대안이라거나 공수처에 선행되어야 한다는 일각의 주장은 '도로 검찰'로 돌아갈 수 있음을 알아야 한다. 모두 대통령으로부터 신임을 받는 처지에서 검찰이 못한 일을 선불리 경찰에게서 기대한다는 것은 순진한 생각이다. 검찰과 경찰 둘 다에 대한 견제책으로서 공수처 설치가 선행되어야 하는 이유가 여기에 있다.

수사권은 당연히, 그리고 반드시 조정이 필요하다. 우리 검찰이 유례를 찾기 힘들 정도로 막강한 권한을 가지고 있음은 누구나 아는 사실이다. 원칙적으로 수사는 경찰이 하고 공소제기는 검찰이 맡는 것이 효율적이며 견제와 균형에도 기여한다. 국가기관 간에 견제를 통하여 균형을 유지한다는 권력분립 원리는 비단 삼권의 문제만이 아니라 행정기관 간에도 필요한 것이다. 검찰이 주요 개혁대상으로 지목되어 온 것도 견제받지 않는 권력이었다는 데 그 큰 이유가 있다. 따라서 더 이상 수사권 조정 논의를 미룰 명분이 없다.

문제는 수사권을 넘겨받을 경찰의 구태의연한 현실이다. 철저한 중앙집권적 계급조직에서 오는 권위주의 문화가 여전히 팽배하고 있으며 그 결과 국민은 뒷전이다. 수사역량 및 인권감수성을 의심받는 상태에서 아직도 고압적 태도나 사건관계인의 말이 무시되기 일쑤인 수사현장의 모습은 경찰을 못미덥게 한다. 이는 그동안 경찰이 수사권 쟁취에만 욕심이 있었지 그 여건 조성에 소홀했음을 보여준다.

중요한 사실은 그 방안을 멀리서 찾을 필요가 없다는 점이다. 기존 특별사법경찰관리의 확대에 불과해 보이는 제주식이 아닌 온전한 자치경찰을 실시하면 된다. 자치경찰은 국가경찰권의 분산을 통하여 지역특성에 맞는 치안행정을 펼칠 수 있는 동시에 주민통제를 통하여 인권침해를 예방할 수 있기 때문이다. 치안은 교육과 함께 지방자치의 본질을 이루는 중요한 요소이다. 이는 자치경찰이 수사권 조정과는 무관하게 당연히 도입되어야 하는 것임을 말해준다.

사정이 이러함에도 경찰개혁위원회 권고안은 경찰권의 배분이나 인권문제에 대한 근본적 해결책이라고 하기에는 너무 국가경찰 입장을 대변하고 있음에 실망스럽다. 자치경찰 도입과 더불어 축소되어야 할 국가경찰을 오히려 확대하고 있는 데서 개혁이라기보다는 '제 잇속 챙기기'에 급급한 인상을 준다. 분명히 짚고 넘어가야 할 점은 검찰개혁이 '국가경찰 배 불리기'로 귀결되어서는 안 된다는 사실이다.

지금 이 순간에도 경찰은 자치경찰의 전제로 수사권 조정을 내세우고 검찰은 수사권 조정의 전제로 자치경찰을 요구하고 있다. 경찰은 자치경찰의 본질을 왜곡하고 있고 검찰은 이를 십분 활용하고 있는 것이다. 심지어 여기에 공수처 논의까지 끌어들여 각자 유리한 셈법에 따라 공수처의 초점을 흐리려는 시도마저 엿보인다.

하지만 분명한 것은 공수처는 수사권 조정이나 자치경찰과 별개라는 사실이다. 공수처는 권력형 비리 근절 및 검찰개혁 차원에서 이들에 앞서 시급히 도입되어야 할 제1호 개혁과제다. 그런 연후에 예정대로 수사권 조정을 논의하되 제대로 된 자치경찰 도입과 연계하여 논의되는 것이 마땅하다.

〈법률신문 2017. 12. 18〉

공수처 설치,
국민의
명령이다

지난 1월 초 구성된 국회사법개혁특별위원회(이하 사개특위)가 사실상 멈추어 서면서 촛불혁명의 여망이 담긴 사법개혁의 시계가 갑자기 흐려졌다. 입법권까지 부여받으며 기대어린 시선을 받으며 출발하던 기세는 찾아볼 수 없다. 여야정쟁이라는 불쑥불쑥 나타나는 괴물이 또 이를 가로막고 있기 때문이다. 지금은 새 정부 초기로 골든타임의 시기인 만큼 개혁법안들이 줄지어 서 있다. 여야 가릴 것 없이 서로 협력하여 개혁법안을 통과시켜야 할 책무를 진 시기이다.

사개특위는 검찰개혁에서 비롯된 바가 크다. 검찰개혁은 검찰을 죽이자는 것이 아니다. 오히려 통제받지 않은 권력기관으로 급성장해 온 검찰을 제자리로 돌려놓자는 것이다. 지금까지 보아

온 비위만도 자동차검사 사건, 성추문검사 사건, 전관예우 사건, 주식대박검사 사건 등 일일이 열거하기조차 힘들 정도다. 검찰의 민낯을 여과 없이 보여주는 좋은 예다.

문제는 이러한 비위행렬이 끊임없이 불거져 나오고 있다는 사실이다. 그동안 검찰은 인권의 보루로서 자임해 왔기에 최근 드러난 검찰 내 성폭행 사건으로 참으로 궁색한 처지에 놓이게 되었다. 검·경의 관계에서 인권의식은 검찰의 생명선과도 같은 것이었다. 사정이 이러함에도 정작 검찰 내부에서는 인권유린이 자행되고 있었던 것이다. 그나마 용기 있는 한 여검사의 폭로로 세간에 알려지게 되면서 미투Me too 사태로까지 번지고 있다. 이 일로 현직 부장검사가 구속되었고 이를 바라보는 국민은 참담함을 감출 길 없다.

뿐만 아니라 살아 있는 권력에 한없이 약한 검찰의 모습이 연일 언론 주요면을 차지하고 있다. 2007년 대선 당시 BBK 주가조작 사건, 다스 실소유자 사건 등 줄줄이 무혐의 처리되었던 MB 관련 검찰수사 결과가 그것이다. 당시 검찰수사의 불신에서 비롯된 특검조차도 부실수사의 주범이었다니 도대체 믿을 구석이 없는 것이 우리 사법의 현주소다. 급기야 지난 해 12월 참여연대는 당시 BBK 의혹을 수사한 정호용 특별검사를 특가법상의 특수직

무유기 혐의로 검찰에 고발하기에 이르렀다. 이를 바라보는 국민들로서는 "이게 사법이냐?"고 반문할 만하다.

인권지킴이라는 검찰에서 자행되고 있는 인권침해 행위를 경험하고, 검찰을 못 믿어 구성한 특검이 검찰에 고발당하는 기이한 경험을 하고 있다. 한 마디로 총체적 사법난국으로 표현할 수 있겠다. 그동안 무소불위의 권력기관으로 군림하여 왔던 검찰에 대한 개혁이 끊임없이 제기되어 왔음은 다 아는 사실이다. 하지만 특검조차도 검찰의 수사대상이 된 것을 보는 국민은 허탈한 심경이다. 특검무용론이 종종 대두되어 왔지만 이 지경에 이르리라고는 아무도 생각지 않았던 것이다.

공수처는 2006년 참여연대의 입법청원을 시작으로 지금까지 17차례나 입법발의되면서 도입에 대한 논의가 있어 왔다. 이는 그만큼 검찰개혁에서 공수처가 차지하는 비중이 큼을 의미한다. 최순실의 국정농단 사태를 거치면서 공수처 설치를 더 이상 미뤄서는 안 되는 것으로 인식하기 시작하였음은 국민의 80% 이상이 찬성한다는 각종 여론조사가 이를 뒷받침한다. 국회에서만 6개의 법안이 상정되어 있다는 사실 또한 마찬가지로 볼 수 있다. 일각에서 여전히 공수처를 옥상옥으로 보기도 하나 검찰의 권한을 떼내어 새로운 기구를 설치한다는 측면에서 설득력이 약하다.

지금까지 공수처 논의가 제자리 걸음하고 있는 것은 관계기관들의 조직이기주의에서 비롯되는 바가 크다. 특히 검찰개혁의 일환으로 새 정부가 야심차게 추진하고 있는 수사권 조정과 밀접한 관련을 가진다. 검찰은 최악의 경우 공수처를 받아들이고 수사권 조정에는 반대하는 전략을 구사하고 있는 듯하다. 이에 반하여 경찰은 수사권 조정을 관철시키려는 욕심에서 공수처에 소극적인 자세를 보이고 있다. 검·경 간의 제각각 셈법에다 정치권의 이해관계까지 맞물려 옴짝달싹 못하고 있는 것이다.

한 가지 유의해야 할 것이 있다. 공수처는 수사권 조정과 함께 검찰개혁의 하나로 주장되고 있지만 서로 별개라는 사실이다. 국민이 원하는 검찰개혁의 방향은 "수사권은 경찰이, 기소권은 검찰이" 각각 행사하는 것으로 사회적 합의가 모아지고 있다. 이런 면에서 보면 공수처는 단순히 검찰개혁만의 문제에서 나아가 장차 비대한 수사권을 행사하게 될 경찰에 대한 견제책이기도 하다. 따라서 검찰이 공수처로서 수사권 조정을 견제하고 경찰이 수사권을 쟁취하기 위하여 공수처를 경계하는 것은 본질을 흐리는 시도에 불과하다. 이는 공수처와 수사권 조정이 동시에 진행되어야 함을 말해준다.

여기다 자치경찰까지 끼어들면 상황은 더 복잡해진다. 국정기획자문위원회가 자치경찰 실시를 공식화하고 게다가 최근 서울시가 완전한 자치경찰을 들고 나오면서 검찰로서는 수사권 조정에 대한 방패막이 생긴 형국이다. 하지만 수사권 조정이나 자치경찰 모두 국민을 위한 권력구조의 재편이라는 점에서 당연한 것이다. 이는 제도 서로 간에 선후나 전제조건이 아님을 분명히 해준다. 검찰은 행여 자치경찰을 빌미로 수사권 조정에 소극적이어서는 안 된다. 경찰 또한 수사권에만 관심을 가지고 공수처에 소극적이어서는 안 된다.

현재 공수처는 그 설치 여부를 결정만 하면 되는 단계에 와 있다. 앞에서 말한 대로 이미 6개의 법안이 국회에 상정되어 있으며, 법무검찰개혁위원회 권고안 및 법무부안도 제시되어 있는 상태다. 이들을 국회에 펼쳐놓고 적정한 법안 내용을 가려 채우면 되게 되어 있다.

그럼에도 일부 야당의 반대로 논의조차 되지 않고 있음이 안타깝다. 옥상옥이라는 이유를 들어 검찰의 정치적 중립성 보장방안을 강구하자는 이전과 다를 바 없는 주장만 거듭하고 있다. 검찰의 정치적 중립성이 현실적으로 어려워 그 대안으로 공수처가 주장되어 온 점을 고려하면 순환론적 오류에서 맴돌고 있는 것이다.

사개특위는 이러한 현실에 대한 타개책으로 여야합의로 구성된 것이다. 그런데 설치 1개월이 지나도록 구체적으로 논의할 소위조차 구성하지 못하고 있는 상황이다. 여론의 뭇매에 못 이겨 우선 기관업무보고를 받은 후 소위를 구성한다는 것으로 알려져 있다. 국회는 값비싼 대가를 치른 국정농단 사태의 교훈을 결코 잊어서는 안 된다. 공수처 설치는 절대다수 국민이 원하는 국민의 명령이다. 더 이상 머뭇거려서도 안 되고 머뭇거릴 시간적 여유도 없음을 알아야 한다.[7]

〈오마이뉴스 2018. 2. 27〉

검사는 공소장으로 말하면 된다

조국 법무부 장관의 인사청문을 거치면서 제기된 의혹에 대한 검찰수사 과정에서 피의사실공표에 대한 논란이 뜨겁다. 이 문제가 본격적으로 수면 위로 떠오른 것은 지난 1월 검찰이 약사법 위반 사건의 보도자료를 배포한 경찰관에 대해 피의사실공표죄로 수사를 진행하면서부터다. 이후 이를 문제삼는 사례가 부쩍 늘었고 더 이상 이대로 둬서는 안 된다는 목소리가 높아지고 있다.

1953년 제정 당시부터 형법은 엄격히 경고하고 있다. 검찰, 경찰 등 범죄수사에 관한 직무를 행하거나 이를 감독 및 보조하는 자가 직무상 알게 된 피의사실을 공소제기 전에 공표한 때에는 3년 이하의 징역 또는 5년 이하의 자격정지에 처한다고 말이다.

기소 이전에 이를 금지하는 가장 큰 이유는 인권이라는 소중한 헌법가치를 지키기 위해서다. 하지만 그동안 봐왔듯 수사절차에서 법의 보호막은 구멍 뚫리기 일쑤다. 시민들조차 별다른 저항 없이 이를 당연한 것으로 여겨온 감이 있다.

법이 제 구실을 못하고 있는 사이에 불법이라는 악화가 인권이라는 양화의 자리를 꿰찬 것이다. 5·18, 6·10 등 숱한 민주화 여정을 겪으면서 인권감수성이 한껏 높아진 우리 국민이다. 그럼에도 불구하고 있어서는 안 될 일이 아직도 알 권리나 공익목적을 빌미로 버젓이 자행되고 있는 것이다.

수사기관으로서는 여론몰이라는 압박수단을 통하여 수사목적을 달성하고 재판까지 좌우하겠다는 계산이 깔려 있음 직하다. 여론을 뒤집는 재판을 하기 위해서는 큰 용기가 필요하다는 일선 법관의 목소리가 이를 뒷받침해 준다. 당하는 피의자의 입장에서는 유죄·무죄가 판별되기도 전에 한순간에 죄인으로 낙인찍히는 신세를 면치 못한다. 이를 견뎌내지 못하고 자살로 이어지는 안타까운 경우도 종종 봐왔다.

서초동 검찰청사에서 어렵지 않게 볼 수 있는 포토라인은 그 절정이다. 피의자에 대한 취재경쟁 과정에서 발생할 수 있는 불의사고 예방을 위하여 비롯된 것이 피의사실공표의 장場 구실을 해 왔음을 부인할 수 없다. 국민에게 포토라인은 무죄로의 추정을 가로막는 흡사히 루비콘강을 떠올리게 한다.

법은 3년 이하의 징역이라는 엄벌을 요구하고 있으나, 있으나 마나한 법으로 인식된 지 오래다. 2000년 이후 단 한 차례도 해당 죄명으로 기소된 예가 없다는 공식통계가 이를 말해준다.

문제는 이것이 시대정신의 변화에서 기인한 것이 아니라 순전히 수사기관 스스로를 위한 고려에서란 점이다. 이 법이 실효성을 가지게 되면 수사관서 종사자들이 피의자가 될 수밖에 없기 때문이다.

만들어만 놓고 지켜지지 않는 법은 법치주의를 해친다. 아직도 행정기관의 훈령이나 규칙으로 포토라인이 변칙적으로 운용되고 있음을 본다. 이는 중대한 인권침해 행위로 국가기관의 편법에 기댄 범법행위에 가깝다.

지나친 편견인지는 몰라도 수사기관의 눈에서 누구든 걸리면 끝장이라는 안하무인격이 느껴진다. 시민이 잠재적 피의자로 비치지만 않아도 오히려 다행이라는 생각이 들 정도다. 이런 사정 아래서 무죄추정이니 피의사실공표죄니 하는 것도 다 소용 없는 일이다. 법이 그 본래의 목적인 사회방위 역할을 제대로 수행하지 못하고 있는 것이다.

형사소송은 공판중심주의를 강화하고 있다. 이는 형사사법절차의 중심이 수사기관에서 법원으로 이동하면서 검찰 권력독점의 생태계가 바뀌고 있음을 뜻한다. 더불어 수사절차에서 피의사실을 공표하지 말라는 것으로도 읽힌다. 수사기관은 공정한 재판에 기여할 의무를 지며 이를 위해 적법한 증거수집에만 신경쓰면 된다.

인권은 시대와 장소를 가리지 않는다. 그것은 불가침의 영역에 속하는 것으로 인간애로 나타난다. 피의자도 인권을 지닌 존재이므로 재판이 확정될 때까지는 무죄로 추정되어 일반인과 다를 바 없다. 검사는 공소장으로 말하면 될 뿐 달리 말이 필요 없다.

지금도 많은 사람들이 알게 모르게 피의사실공표에 노출되어 인권이 멍들고 있다. 최근 법무부가 공보준칙을 바꾸어 형사사건공개심의위원회 신설 등을 검토한다는 말이 들린다. 논의에만 그치지 말고 하루빨리 제도적으로 정착시켜 더 이상 피의자의 인권이 침해되는 일이 없도록 해야 한다.

〈내일신문 2019. 9. 19〉

이제는 자치경찰이다

20대 국회 막바지에 어렵사리 검경수사권 조정을 내용으로 하는 형사소송법 및 검찰청법 개정안이 통과되었다. 이것은 검찰 힘 빼기나 경찰 힘 실어주기가 아니다. 국가권력의 견제와 균형을 통한 효율성을 극대화하기 위한 오랜 고민의 산물이다.

그런데 견제와 균형이라는 면에서 지금까지 진행되고 있는 외형을 보면 엇길로 들어설까 봐 걱정된다. 독점적 수사와 정보나 규모의 면 모두에서 경찰이 마치 거대공룡과도 같은 느낌을 주기 때문이다. 12만 경찰이 정보독점에 수사독점까지 절대권력화되기에 이르렀다.

문제는 운용 여하에 따라 과거 경찰국가로 회귀할 수도 있음이다. 이런 측면 때문에 해방 이후 지금까지 70여 년간 수사권 조정에 대한 사회적 합의가 쉽지 않았음을 곱씹어 볼 필요가 있다.

수사권 조정을 둘러싼 모든 우려는 인권문제로 귀결된다. 인권은 시공을 초월하는 가치로 인간이기에 따라붙는 최소한의 불가침적 권리다. 아무리 강조해도 지나치지 않다는 영어식 표현에 가장 잘 어울리는 말이다. 그동안 경찰의 독자적 수사권이 번번이 좌절된 것도 경찰의 낮은 인권의식에 대한 불안 때문이었다.

수사권 조정에 따른 경찰 비대화를 막고 인권경찰을 기약하기 위한 가장 손쉽고 효과적인 수단이 바로 자치경찰제도다. 이런 이유로 필자는 수사권 조정 논의 초기부터 그 전제로 혹은 이와 병행하여 온전한 자치경찰제 도입을 줄곧 주문해 왔다.

하지만 진행되고 있는 경찰개혁 내용은 자치경찰 하자면서 오히려 기구가 확대되는 감이 있다. 국무총리 산하의 경찰위원회 논의나 경찰청에 별개의 차관급 기구로 국가수사본부를 두는 방안을 말함이다.

경찰구조를 복잡하게 꿰맬 이유가 없다. 국가경찰에서 정보경찰을 삭제하거나 대폭 축소한 후, 국가경찰은 국제, 마약, 테러범죄 등의 국제적이거나 광역적인 수사가 필요한 것에 한정하고 자치경찰을 지원하는 체제로 바꾸면 된다. 동시에 지방경찰청 이하의 조직은 자치단체장 소속으로 넘겨 지역주민의 통제를 받도록 하면 될 것이다.

2017년 서울시가 발표한 박원순식 자치경찰 모델이 이런 내용에 가깝다. 국가경찰 소속의 지방경찰청 이하 단위를 모두 자치단체로 이관하여, 주민들로 구성된 자치경찰위원회에서 시·도자치경찰청장 및 자치경찰서장 후보를 3배수로 추천하여 시·도지사가 임명하며, 국가경찰 예산을 치안특별교부금으로 전환하여 지역별 치안서비스의 차등 문제 및 자치경찰의 처우 문제를 극복할 수 있게 한다는 것이다.

안타깝게도 현재 논의되고 있는 모델은 제주식 자치경찰에다 몇 가지를 더 얹어 시행하는 방안이다. 이것은 국가경찰기구를 그대로 두는 전제에서 출발함으로써 기존의 특별사법경찰을 확장개업하는 것에 다름없다. 이러니 무늬만 자치경찰이라는 비난을 받는 것이다.

자치경찰을 걱정하는 이들이 심심찮게 눈에 띈다. 지역에 기반을 둔 토호세력의 경찰 장악이나 지방재정 열악을 그 이유로 꼽는다. 앞의 문제를 해결하고자 함이 주민들로 구성된 자치경찰위원회를 통한 자치경찰 수장의 임명이다. 재정문제 또한 현재의 경찰예산을 치안특별교부금으로 한정하여 활용하면 문제될 것이 없다.

국가경찰에 익숙한 이들이 모르는 것이 있다. 제대로 된 자치경찰제가 도입되면 치안서비스 향상은 물론 그 구성원들도 훨씬 더 역할이 커질 것이라는 사실이다. 오늘날은 지역주민과의 관계가 대세다.

〈경향신문 2020. 2. 4〉

수사권 조정, 후속조치가 중요하다

패스트트랙(신속처리안건)에 태워졌던 수사권 조정 법안이 공포되어 시행을 앞두고 있다. 해방 이후 70여년 만의 일이다. 경찰은 쾌거이고 검찰은 패배라고 생각할 수도 있다. 하지만 이것은 제로섬 게임이 아니라 효율성에 근거한 국가의 새 사법시스템을 향한 첫발로 봐야 한다.

법안에 대하여 기대와 두려움이 교차하고 있다. 수십 년간 논의만 반복하다가 현실로 닥쳤으니 일면 이해가 간다. 하지만 들뜰 것도 아니고 염려할 것도 아니다. 이를 어떻게 자리매김해 나갈 것인가의 중요한 과제가 남아 있다.

개정 형사소송법은 경찰이 일차적 수사권을 행사하고 검사는 공소제기권자로서의 역할에 충실하게끔 하였다. 검찰청법도 검사의 수사개시 대상을 경제범죄나 공직자범죄와 같은 일부 중요범죄에 한정하였다. 이번 수사권 조정에서 압권은 단연 경찰의 수사종결권이다. 대신 절차 곳곳에서 검사가 경찰을 통제할 수 있도록 보완수사나 시정조치 요구권, 인권침해에 대한 징계요구권과 같은 촘촘한 통제장치를 두고 있다.

검사와 경찰의 관계도 상명하복에서 협력적인 것으로 바뀌었다. 번번이 논란이 되던 검사의 영장기각에 대하여 경찰이 이의할 수 있는 길도 열어 두었다. 주목할 것은 그동안 검찰의 존재를 돋보이게 하던 피의자신문조서의 증거자격 요건을 경찰의 그것과 같이 엄격히 하였다는 점이다. 이것은 수사실무와 재판의 모습이 달라지는 것에서 시작하여 시민의 인권보장에 괄목할 만한 변화를 가져다 줄 것으로 기대된다.

법안 통과는 시작에 불과하다. 중요한 것은 이를 잘 꿰어 순항케 하는 것이다. 크게 보면 두 가지로 요약할 수 있다. 하나는 경찰권 통제로 인권을 어떻게 기약해 나갈 것인가이고, 다른 하나는 수사권 조정을 뒷받침하는 하위법규에 그 취지를 잘 담아내는 것이다.

먼저 인권에 대한 부분이다. 개정법은 검사의 경찰에 대한 보완수사 및 시정조치 요구권을 너덜너덜해 보일 정도로 장황하게 규정하고 있다. 수사권 조정에 따른 경찰의 인권침해 가능성에 대한 시민의 불안감이 반영된 것으로 짐작된다.

인권을 보호하기 위한 측면에서야 이해 못 할 바도 아니다. 문제는 이를 경찰과 검찰의 관계 설정만으로 풀려고 해서도 안 되고 풀 수도 없다는 사실이다. 대등적 협력관계라는 기관 간의 성격에서도 그렇지만 비대한 경찰조직을 그대로 둔 채 해결책을 찾으려 한다는 점에서 근본적인 한계가 있다고 보기 때문이다. 인권문제를 해결하려면 국가경찰의 거대 몸집부터 분해하여 발전적으로 재설계해야 한다. 그 해답이 자치경찰제에 있다.

물론 수사권 조정 논의와 함께 자치경찰제를 논의해 왔다. 하지만 지금까지 진행되어 온 논의는 기존 국가경찰의 틀을 유지하는 선에서 이루어져 왔다. 국가경찰 기능 일부를 자치경찰로 넘긴다고 하지만 오히려 전체 경찰총량은 늘어나는 모양새다.

문제는 그마저 지지부진하다는 사실이다. 자치경찰을 신속하고도 제대로 시행해야 한다. 제주식 자치경찰 모델로는 비대해진 경찰권으로부터의 인권보장책 구실을 기대하기 어렵다. 지방경찰청 이하의 조직은 자치단체로 넘겨 주민통제를 받게 하는 온전한 자치경찰제를 고민해야 하는 이유다.

이와 함께 꾸준히 논란이 되어 온 정보경찰의 폐지나 대폭 축소 또한 눈앞의 시급한 개혁과제다. 이를 그대로 둔 상태에서 경찰개혁을 말하기는 어렵다. 수사권과 정보권의 결합에 의한 경찰의 거대공룡화로 다시금 경찰국가로 되돌아갈 수 있는 위험이 도사리고 있다. 자칫 수사권 조정의 성과가 예기치 않은 방향으로 흘러갈 수도 있음을 경계해야 한다. 자치경찰제 추진과 함께 정보경찰 폐지 문제가 병행하여 논의되어야 하는 까닭이다.

다음으로 수사권 조정의 취지를 하위법령을 통하여 지혜롭게 녹여내야 한다. 개정법에서 수사시스템의 근간은 바꾸어 놓았다지만 그 성패는 이를 구체화하는 세부작업에 달려 있다. 공정한 수사나 인권을 위한 검사의 사법적 통제도 수사권 조정의 본질을 훼손해서는 안 된다. 일례로 검사의 경찰에 대한 시정조치 요구권 행사라는 것도 권한 확대를 위한 방편으로 활용되어서는 안 된다는 것이다.

개정법안은 공포 후 6개월이 지난 때로부터 1년 내에 시행토록 되어 있어 머뭇거릴 여유가 없다. 하루바삐 수사권 조정의 취지를 구현하기 위한 후속조치 마련에 힘을 쏟아야 한다. 이 법안의 가장 큰 이해당사자는 시민이다.

〈머니투데이 2020. 5. 20〉

주(註)

1. 수사권조정 법률안으로 불리는 형사소송법개정안과 검찰청법개정안이 국회를 통과하여 2020. 2. 4. 공포되었다. 시행은 공포 후 6개월이 경과한 날부터(2020. 8. 4.부터) 1년 내에(2021. 2. 4. 내에) 하되 그 기간 내에 대통령령으로 정하는 시점부터 시행하도록 하고 있다. 다만 형사소송법 제312조제1항(검사작성 피의자신문조서 증거자격 요건을 사법경찰관과 같게 한 것)의 개정규정은 공포 후 4년 내에(2024. 2. 4. 내에) 시행하되 그 기간 내에 대통령령으로 정하는 시점부터 시행하도록 하고 있다.

2. 2017년 4월 21일 최순실 국정농단 사건 특별수사본부장 이영렬 서울중앙지검장을 비롯한 특별수사본부 간부 등 7명이 안태근 법무부 검찰국장 등 검찰국 간부 3명과 서울 서초동의 한 음식점에서 만찬 회동을 가졌다. 이 자리에서 이 지검장은 동석한 검찰국 과장 2명에게 100만원씩의 돈봉투를 건네고, 안 국장 역시 특별수사본부 간부 6명에게 70-100만원 사이의 격려금 명목의 돈봉투를 건넨 것으로 알려진 사건이다.

3. 안경환 법무부 장관 후보자는 장관직에 취임하지는 못했다. 과거 허위 혼인신고의 전력 등이 불거져 국회 인사청문회 이전에 스스로 사퇴하였기 때문이다. 사퇴하면서 "나는 비록 물러나지만 검찰 개혁과 법무부 탈검사화는 꼭 이뤄져야 한다."는 말을 남기기도 하였다. 이후 박상기 장관이 문재인 정부의 초대 법무부 장관으로 취임하게 된다.

4. 공수처는 2020. 1. 14.「고위공직자범죄수사처 설치 및 운영에 관한 법률」이 제정되어 2020. 7. 15.부터 시행을 앞두고 있다.

5. 현행법은 처장의 자격으로 ㉠ 판사, 검사 또는 변호사, ㉡ 변호사 자격이 있는 사람으로서 국가기관, 지방자치단체,「공공기관의 운영에 관한 법률」 제4조에 따른 공공기관 또는 그 밖의 법인에서 법률에 관한 사무에 종사한 사람, ㉢ 변호사 자격이 있는 사람으로서 대학의 법률학 조교수 이상으로 재직하였던 사람의 각 직에 15년 이상 있던 사람 중에서 임명하도록 되어 있다(「고위공직자범죄수사처 설치 및 운영에 관한 법률」 제5조제1항). 결국 공수처장도 변호사 자격 소지자라는 틀을 벗어나지 못하였다.

6. 공수처 설치 및 시행에 대하여는 위의 주 4와 같다.

7. 공수처 설치 및 시행에 대하여는 위의 주 4와 같다.

2

적법절차의 길

적법절차의 계절에 서서

1966년 6월 13일 캘리포니아 주지사 출신으로 한때 공화당의 부통령 후보이기도 했던 미국 연방대법원의 어얼 워렌Earl Warren 대법원은 'Miranda v. Arizona, 384 U. S. 436(1966)'라는 한 판결을 내놓았다.

이 판결에서 워렌은 형사절차에서 경찰이 무엇을 해야 하는지에 대하여 정확하게 언급함으로써 정치인 출신의 법관이라는 세간의 우려를 깨끗이 불식시켰다. 오히려 그 진보적 성향으로 인하여 임명권자인 아이젠하워 대통령조차도 그를 대법원장으로 임명한 것이 "지금까지 내가 범한 가장 어리석은 실수"라고 할 정도로 행정부와 대립각을 세운 전향적인 판결을 곧잘 선보였다.

그의 판결은 1963년 3월 어느 날 애리조나 주의 피닉스 시 경찰에 18세 소녀에 대한 유괴와 납치혐의로 체포된 어네스토 미란다Ernesto A. Miranda라는 한 멕시코계 미국인의 입으로부터 비롯된 것이었다. 미란다는 당시 24세로 중학 중퇴 학력의 가난하고 무지한 트럭 운전수였다. 이 판결 주인공의 이름에서 나온 '미란다'라는 말은 이제 단순히 한 범죄인이라는 의미를 뛰어넘어 우리 형사절차뿐만 아니라 세계 각국에까지 형사절차를 상징하는 일상어가 되어버렸다.

미란다는 피해 소녀에 의하여 범인으로 지목되어 자택에서 체포되어 경찰에 연행되었다. 경찰에서 미란다는 변호인의 도움을 받을 권리를 고지받지 못한 상태에서 2명의 경찰관으로부터 약 2시간 동안의 신문을 받고 자신의 범행을 자백하면서 자백진술서를 작성하였다. 이 사건의 재판에서 연방대법원은 변호인의 도움을 받을 권리를 고지받지 못한 상태에서 얻은 자백진술서를 증거로 할 수 없다며 임의성 없는 자백증거를 법정 밖으로 내쫓아 버렸다.

법치주의 국가원리를 받아들이고 있는 우리에게 있어서 6월이라는 계절은 적법절차의 계절이라고 할 만큼 형사절차의 민주화를 기약하기에 충분히 유명한 사건들이 탄생한 달이기도 하다.

1215년 영국의 러니미드Runnymede 초원에서 폭군 존왕이 63개 조항으로 이루어진 자유민의 권리가 담긴 대헌장Magna Charta에 서명을 한 것이 그렇고(6월 15일), 또한 위 워렌 대법원의 미란다 판결이 그렇고(6월 13일), 그리고 1987년 적법절차의 원리를 우리 헌법 내의 원리로 끌어들인 계기가 된 그해 있었던 6·29선언이 그렇다. 또한 1992년 처음으로 한국판 미란다판결로 불리던 이른바 "신이십세기파사건 판결"[1]이 있었던 것이 그렇고(6월 23일), 2000년 있었던 미란다판결의 헌법규범성을 재확인한 미국 연방대법원의 디커슨 판결(6월 26일)도 그렇다.

그 중 지금까지 미국 역사상 가장 유명하면서도 동시에 그 반대자들로부터 가장 신랄한 비판을 받아오고 있는 것으로 단연 미란다판결을 꼽을 수 있다. 형사절차에 있어서 미란다라는 인명은 이제 '미란다법칙' , '미란다카드' , '미란다고지'라는 말로 우리 형사절차에서도 통용되고 있음을 볼 수 있다. 물론 대법원이 우리나라에 이 법칙을 수용한 지 12년이 지난 지금도 그리 익숙하지 않은 것이 사실이다. 아직도 우리 형사절차에서 미란다라는 이름이 경찰이나 검찰 등의 수사기관 종사자에게는 "거추장스러운 어떤 것", "범죄혐의를 밝혀 범죄로부터 사회를 방위하는 데 방해되는 무엇"이라는 생각을 가지고 있는 것 같다.

이러한 사실은 미란다고지를 함에 있어서 피의자신문 조서상에 이미 인쇄되어 있는 문자를 읽어주는 방법으로 혹은 인쇄문자 그 자체로서 이를 고지한 것으로 간주하는 것으로도 알 수 있다.[2] 뿐만 아니라 사실상 피의자에 대한 신문은 조서를 작성하는 단계 이전에 이미 시작되었다고 보아야 하는 경우가 많은 현실 역시 그렇다.

나아가 설령 미란다고지를 하더라도 진술거부권을 행사하는 것이 오히려 자신에게 불이익을 초래할지 모른다는 우려에서 현실적으로 진술을 거부하기 어려울 수 있다는 생각에 이르러서는 적법절차를 더욱 이해할 수 없게 만든다. 적법절차에 대한 최소한의 요구로서의 미란다고지는 충분히 이해할 수 있도록 완전하고, 분명하고, 구체적이고, 공식적으로 하여야 할 것을 요구하기 때문이다.

피의자를 체포하여 경찰서로 가는 도중 범죄혐의에 관련된 질문을 하는 경우에도 미란다법칙을 고지하고 있는 미국의 경우와는 아직도 거리가 쉽게 좁혀지지 않고 있음을 알 수 있다.

미란다는 1972년 애리조나 주 피닉스 시의 어느 술집에서 카드 게임을 하다가 싸움이 붙어 살해당하였는데 애리조나 주 경찰이 미란다를 살해한 혐의자에게 미란다고지를 하였음은 물론이다. 미란다 자신의 사건에서 비롯된 법칙을 이번에는 그 자신을 살해한 자에게 경찰로 하여금 미란다원칙을 고지케 하여 적법절차를 보장하도록 한 것이다.

〈LegalTimes 2004. 6. 24〉

형사고소와 피의자의 방어권 보장

형사소송법상 고소는 일부 친고죄[3]를 제외하고는 누구나 자유롭게 할 수 있으며 그 시기 또한 제한이 없다. 그만큼 범죄로 인하여 피해를 입었다고 생각하는 사람들이 손쉽게 수사기관에 대하여 소추를 구할 수 있고, 수사기관으로서도 형법범 중 30% 이상이 고소로부터 비롯되는 현실을 감안하면 고소는 수사의 중요한 단서로 활용되고 있다.

일단 범죄피해자가 고소를 하면 검찰사건사무처리규칙에서 정하는 각하 사유에 해당되지 않는 한 수사기관의 사건부에 일련순으로 등재됨으로써 입건立件[4]으로 이어지는데, 이는 피고소인이 피의자의 신분으로 전환됨을 의미한다. 범죄로 인하여 피해를 입었다고 생각하는 사람의 입장에서는 참으로 편리하고 유익한 제도가 고소인 것이다.

반면에 피고소인의 입장에서는 자신도 모르는 사이에 피해자로부터 수사기관에 고소장이 접수될 뿐만 아니라 무슨 내용으로 고소를 당하였는지도 알 길이 없다. 경찰이나 검찰로부터 피의자 신문을 위한 출석을 요구받고서, 그것도 신문에 이르러서야 비로소 그 내용을 알 수 있을 따름이다.

그러다 보니 수사기관으로부터 출석을 요구받은 피고소인으로서는 출석할 때까지 고소사실과 향후 전개될 사건의 향방에 대한 일말의 두려움을 떨쳐버리지 못하고 불안한 지위에 있게 마련이다.

우리 사회와 같이 고소를 당하면 범죄자로 인식되는 사회적 분위기에다 일단 기소되면 본안재판 사건 중 99% 이상이 유죄로 이어지는 현실에서 피의자의 방어권의 중요성은 피고인의 그것에 못지않게 중요하다. 피의자 단계에서의 방어권 행사의 실기失機로 인하여 형사절차로부터 벗어날 수 없는 경우가 종종 있음을 생각하면 더 뚜렷해진다.

이에 대한 대책으로 피고소인이 수사기관의 신문을 받기 이전에 고소내용을 미리 알고서 방어권을 행사할 수 있도록 고소사실을 사전에 열람, 복사할 수 있는 기회가 반드시 부여되어야 한다. 민사적인 문제까지 형사고소부터 해놓고 보자는 식의 사고방식이 팽배해 있고, 피고소인이 고소사실을 알 수 없음을 악용하여 고소내용도 과장되게 표현하는 경우가 종종 있음에 비추어 보면 당연한 것이다.

뿐만 아니라 형사소송법이 당사자주의 이념을 지향하는 데서 우월적 당사자인 검사에 대응하여 피고인의 방어권을 보장하는 것이 중요하다면, 그 전제로서 피의자의 방어권 또한 매우 중요하다. 만약 피고소인이 구금되어 있어 증거자료의 수집, 제출 등에 있어서 사실상 제약이 있는 경우에는 더욱 그렇다.

특히 고소가 많은 재산범죄의 경우 3건 중 1건꼴로 검사의 '혐의없음' 처분으로 종결된다는 사실은 피고소인으로 하여금 고소사실의 사전 열람, 복사의 필요성을 더해 준다.[5]

실무현실에서 검사의 '혐의없음'으로 종결되는 피고소인의 경우에서도 그 절차에서 혹여 고소인의 일방적 진술에만 의존하여 수사기관이 선입견을 가지고 신문에 임하여 피의자의 인권이 침해되는 사례가 발생하지 않는지를 생각해 봐야 한다. 뿐만 아니라 기소되는 피의자 중에서도 순전히 형사소송 기술면에서의 초기 대응이 미숙하여 억울하게 기소되는 경우는 없는지도 또한 생각해 봐야 한다.

이러한 문제에 따른 고소사실의 사전 알림제도가 수사기관으로서는 자칫 피고소인의 증거의 인멸이나 혹은 도주를 조장할 수 있다는 우려가 있을 수도 있다.

하지만 이에 대하여는 좀 생각해 볼 필요가 있다. 검사에게는 범죄자를 발견하여 처벌하는 것에도 그 목적이 있지만, 한편으로 죄 없는 자를 형사소송의 절차로부터 신속히 해방시키는 것에서도 매한가지이다. 문명화된 형사절차는 오히려 후자에 관심이 많다. 그것이 곧 "열 사람의 범인을 놓치는 한이 있더라도 한 사람의 무고한 자를 처벌하여서는 안 된다"는 형사소송의 격언에도 충실한 태도이다.

또한 형사절차의 전 과정에서 무죄추정의 원칙이 지배한다는 형사소송 이론의 입장에서나 수사의 모습이 점차 불구속수사의 원칙으로 나아가는 현실적 입장에서도 수사방해라는 수사기관의 우려는 더 이상 설득력을 얻기가 어렵다.

차제에 피고소인의 신문을 위하여 출석요구시 고소장을 사본하여 피고소인에게 공개하게 하여 최초 신문시부터 그의 방어권을 철저히 보장하는 것이 필요하다. 피의자의 방어권 보장에 충실한 것이 곧 피고인의 방어권을 보장하는 길이기도 하기 때문이다.

이렇게 되면 수사기관으로서도 고소인의 일방적 진술에만 의존함으로써 비롯되는 수사의 한계를 극복할 수 있을 것이다. 이 경우 한두 차례의 피고소인 신문으로 끝낼 수 있어 그만큼 실체적 진실 발견에 근접할 수 있을 뿐만 아니라 이에 따른 형사사법 비용을 절약할 수 있을 것이라는 생각에서이다.

〈LegalTimes 2004. 9. 6〉

엄격해지는 검사의 피의자신문조서의 증거자격(상)*

1992년 6월 23일 대법원이 이른바 신이십세기파 사건[6]에서 한국판 미란다원칙(대판 92도682)을 잉태시킨 이후 오랜만에 형사증거법사에서 피고인의 인권보장에 기여할 것으로 기록될 또 하나의 판결을 선고하였다. 2004년 12월 6일에 나온 사기 등 혐의로 기소된 주○○ 등에 대한 상고심 판결인 2002도537 판결이 그것이다.

지금까지 그 증거능력을 인정함에 있어서 법으로부터의 자유로운 영역에서 거의 무제한 보장을 받아오던 검사작성의 피의자신문조서(이하 검사조서)의 증거능력 인정 여부에 제동을 건 것이

* 이 글의 원래 제목은 "대법원 2002도537판결의 의미와 검사의 입증책임(상)" 이었으나 읽는 분들의 이해를 돕기 위하여 적절한 제목으로 바꾼 것이다.

다. 이는 지금까지 피고인이 공판정에서 검사의 피의자신문조서에 대하여 그 형식적 진정성립을 인정하면 곧바로 조서의 실질적 진정성립까지 추정하던 단순 도식의 인정을 거부한 것이다.

형사소송법은 제312조제1항에서 검사가 피의자 또는 피의자 아닌 자의 진술을 기재한 조서는 공판준비 또는 공판기일에서의 원진술자의 진술에 의하여 그 성립의 진정함이 인정된 때에는 증거로 할 수 있다고 하고, 단서 조항을 두어 검사작성의 피고인이 된 피의자의 신문조서에 대하여는 그 진술이 특히 신빙할 수 있는 상태(이하 특신상태)하에서 행하여진 때에 한하여 그 피고인이 공판준비 또는 공판기일에서의 진술에 불구하고 증거로 할 수 있다고 규정하고 있다. 여기서 단서는 피고인이 수사과정에서의 형식적 진정성립 및 실질적 진정성립은 인정하나, 공판정에서 그 내용을 피의자신문조서와 다르게 진술하는 경우에 특히 의미가 있는 것으로 이해하여야 한다.

이로써 제312조제1항 본문 및 단서를 통할하여 해석할 때 검사조서가 증거능력을 인정받기 위한 조건은 일반적 요건인 성립의 진정함 외에 특별한 요건인 특신상태의 존재도 필요로 하는 것으로 볼 수 있다.

성립의 진정함에 대하여 대법원은 조서의 형식적 진정성립뿐만 아니라 실질적 진정성립까지 포함하는 의미로 보고 있으며, 형식적 진정성립이 인정되면 특별한 사정이 없는 한 실질적 진정성립도 인정되는 것으로 추정하고 있는 것이 지금까지의 일관된 태도였다(대판 2001. 6. 29. 2001도1049, 1998. 6. 9. 98도980 등). 특신상태에 대하여는 성립의 진정함이 인정되면 피고인의 특별한 반증이 없는 한 추정하고 있는 태도를 보여오고 있다(대판 1987. 9. 8. 87도1507, 1986. 11. 25. 83도1718 등).

이렇듯 대법원의 판결을 통하여 형식적 진정성립에 터 잡은 이른바 단계적 추정론(형식적 진정성립 인정 → 실질적 진정성립 추정 → 특신상태 추정)이라는 우리 형사절차상의 기이한 증거법 논리가 탄생하게 된 것이다. 이는 형식적 진정성립으로부터 특신상태까지를 추정하도록 함으로써 사실상 피고인에게 증거법상의 입증책임을 전가하는 것으로 권위주의 형사절차의 잔재로 볼 수 있다.

다행히 대법원이 공판중심주의를 기치로 내걸고 그 스스로의 오랜 유물인 단계적 추정론을 단절시킨 점은 형사증거법사적으로 높이 평가할 만하다. 뿐만 아니라 형식적 진정성립이 기초하고 있는 형사소송법 제244조제2항·제3항의 조서의 열람 및 변경청구권이 제대로 행사되었는지, 그리고 간인 및 서명날인 등이 충분히 임의로 이루어졌는지 그 자체가 의문시되는 현실을 감안하면 이번 판결의 중요성은 아무리 강조해도 지나치지 않다. 이로써 우리의 형사사법 50년사에서 형사사법이 한층 더 성숙할 계기가 마련된 것으로 보인다.

이 판결로 이후 당장 피고인이 공판정에서 피의자신문조서의 기재내용이 자신이 진술한 것과 다르게 기재되었다고 하는 경우 검사조서는 그 증거능력을 인정받지 못하게 되었다. 이제는 형식적 진정성립에도 불구하고 제312조 본문의 실질적 진정성립이 전제되지 않고는 특별한 증거능력 요건으로 이해되는 단서조항의 특신상태는 그 자체로서는 무의미할 따름이다.

1954년 형사소송법이 제정된 이래로 제312조제1항의 특신상태가 문제되어 증거능력이 부인된 경우가 지금까지 고작 3-4건에 불과하였다. 이러한 사실은 결국 제312조제1항의 규정이 법원의 판결에 의하여 그 진정한 의미 회복의 기회가 방치되어 온 것과 다름없다. 법원이 겉으로는 구두변론주의니 공판중심주의니 하는 19세기 이후로 끊임없이 제기되어 오고 있는 이념을 부르짖으면서도 실상은 이를 무시한 채 검사의 조서에 의존하여 재판을 진행해 온 셈이다.

그러나 법원만 탓할 수 없는 것이 이 조항의 탄생시기인 1961년은 5·16군사쿠데타 직후의 군사정권 시대라는 태생적 한계를 안고 있다. 당시로서는 개인의 존엄보다는 전체의 가치가 우선시되던 때로 피의자보다는 국가목적을 오히려 중요한 가치로 생각했던 시기다. 어쩌면 입법자마저도 당시의 권위주의적 신문행태 및 재판관행을 좇아 형식적 진정성립만으로 증거능력을 인정하는 데 별다른 문제의식이 없었을 수도 있다.

어쨌든 지금까지 법원의 보호 아래 증거능력에 무임승차하던 검사조서가 대법원의 원조중단 선언으로 이제는 사법경찰관조서와 마찬가지의 지위로 전락하게 될 처지에 놓이게 되었다. 대법원이 단계적 추정론의 제1단계인 형식적 진정성립 단계에서 제2단계인 실질적 진정성립으로 발전하는 과정의 추정력을 단절시킴으로써 이제는 특신상태까지 갈 것도 없어 보여 무의미해질 수 있게 되었다. 다만 검사로 하여금 피의자신문조서 내용이 사실과 다르게 기재되었다는 피고인의 공판정에서의 주장에 대한 입증의 책임을 남겨 놓았다.

그러나 이번 판결은 경찰조서를 검사의 수준으로 끌어 올리겠다거나 혹은 검사조서를 경찰의 수준으로 내리겠다는 의도가 아니다. 당사자주의 소송구조에서의 검사를 피고인과 대등한 한 당사자로 보고 '공판정에서' '당사자의 구두에 의한 주장과 입증에 의하여' '법관이 직접' 그 진실을 가리겠다는 것으로 이해하여야 한다.

요컨대 위 판결은 형사소송법 제312조제1항에 대한 대법원의 새로운 해석으로 형사증거법에 있어서 피의자의 인권보장과 공판중심주의의 요청을 받아들이고자 하는 법원의 의지로 평가할 수 있다.

〈LegalTimes 2004. 12. 31〉

엄격해지는 검사의 피의자신문조서의 증거자격(하)*

대법원이 공판중심주의를 확립하기 위하여 선고한 것으로 보이는 이번 판결은 이를 이루어 나가는 과정에서 몇 가지 형사절차상의 변화를 가져올 것으로 보인다.

이번 판결의 의미에 비추어 향후 예상되는 바람직한 변화와 그 전망을 본다.

우선 형사절차에서 공판과정이 그 중심적 역할을 할 것이라는 기대이다. 공판중심주의로 통칭되는 이 용어는 이미 1948년의 제헌헌법에서 '법률이 정하는 법관에 의하여 법률에 의한 재판을 받을 권리', '형사피고인의 공개재판을 받을 권리' 및 '재판의 심

---

* 이 글의 원래 제목은 "대법원 2002도537판결의 의미와 검사의 입증책임(하)" 이었으나 읽는 분들의 이해를 돕기 위하여 적절한 제목으로 바꾼 것이다.

리 및 판결의 공개' 등으로 나타나고 있다. 이러한 헌법적 규정은 형사절차에서 공판과정이 중심이 되어야 함을 표현한다고 할 수 있다. 형사소송법도 이미 1954년의 제정 단계에서 이들 헌법적 규정을 구체화하여 구두주의, 변론주의, 직접주의 등 공판중심주의를 이루는 요소들이 곳곳에 배어 있을 정도로 이는 그동안 꾸준한 관심사였다.

입법자의 관심과는 달리 그동안 형사절차에서 과연 공판이 그 중심이 되어 왔는지에 대하여는 의문이다. 지금까지 형사절차에서 수사결과가 공판의 결과까지 좌우해 온 감이 없지 않다. 기소되면 대부분이 유죄로 이어지고 구속되면 거의 집행유예 선고나 실형을 기대하여야 하는 현실은 이를 말해준다.

이번 판결에 따라 피고인이 법정에서 검사작성의 피의자신문조서(이하 검사조서)가 진술한 내용과 다르게 기재되었다고 주장하면 이를 재판의 증거로 할 수 없게 됨에 따라 검사가 입증책임을 부담할 수밖에 없게 되었다. 이로써 엄격한 증거재판이 더욱 활성화될 것으로 기대되고, 더불어 이 기대는 수사기관의 수사행태를 '자백위주에서 증거위주로' 나아가게 할 것으로 예상된다.

뿐만 아니라 이른바 조서재판이라고 불릴 정도로 당사자가 공판정에서 한 진술보다는 오히려 수사기록상의 각종 조서들(특히 검사조서)에 의존하여 재판을 행하던 법원의 관행에도 변화가 있을 것으로 기대된다. 이러한 변화는 법관의 앞에 선 나약한 피고인의 모습이 아니라 자유롭게 자신의 주장을 당당하게 진술하는 피고인의 모습이어야 하며, 또한 여기에 모든 주의를 기울이는 법관의 모습이어야 한다. 이야말로 현재 논의되고 있는 사법과정에의 시민참여제도의 일환인 배심제 및 참심제의 도입 논의와 궤를 같이한다고 볼 수 있다.[7]

증거에 의한 재판이 활성화되고 법관이 조서재판[8]의 유혹으로부터 벗어나게 되면 형사소송에서 검사와 피고인을 대등한 당사자로 보는 당사자주의 소송구조가 정착되어 갈 것으로 보인다. 그동안 우리의 형사절차에 있어서는 소송의 주체로 검사와 법관만 있었을 따름이었고, 피고인은 당사자이면서도 한낱 그 객체로 취급당하여 왔다. 이제 대법원이 피고인의 법정 진술에 관심을 가지기 시작함으로써 소송주체로서의 피고인의 지위가 이전의 소극적·수동적 지위에서 적극적·능동적 지위로 격상되어 갈 것이라고 예상하는 것이 어렵지 않다.

법원이 검사조서에 대하여 단계적 추정론이라는 재판편의적 논리를 통하여 검사의 입증책임을 경감시켜 줌으로써 신속한 재판에는 도움이 되었는지 모르겠다. 하지만 공정한 재판의 입장에서는 방해요인이었다고 볼 수 있다.

지금까지 우리 형사절차에서 공판과정은 진실로 공판중심주의에 대한 애착보다는 형식적으로 거쳐야만 하는 소송발전의 한 단계 정도로 인식되어 온 것임을 부인할 수 없다. 이는 공판중심주의와는 달리 이해하여 단순히 '공판주의'라는 용어로 표현할 수 있을 것이다. 적어도 공판중심주의이려면 공개된 법정에서(공개주의), 당사자인 검사와 피고인의 구두에 의한 주장과 입증에 따라(구두변론주의), 법원 스스로 조사한 증거에 의하여(직접주의) 심리 및 재판이 이루어져야 한다.

여기서 공판중심주의는 그 자체가 소송의 구체적 모습이 아니고 당사자주의, 구두주의, 직접주의 등에 의하여 비로소 나타나는 추상적 상위개념으로 이해하여야 한다. 따라서 그 개념의 추상성으로 인하여 이를 구현하기가 쉽지 않은 것이 사실이다. 그럼에도 불구하고 이러한 하위요소들의 이념에 하나하나 충실하게 되면 공판과정은 자연스레 형사절차의 중심에 위치할 수밖에 없다는 필연도 가능한 개념이다. 이 중심이 곧 성숙한 형사절차의 중심이자 피고사건에 대한 실체적 진실과 법의 적정절차가 이상적으로 조화된 상태인 것이다.

공판중심주의와 그에 따른 검사의 입증책임에 이어 이번 판결은 또 다른 형사사법의 발전 가능성을 예고하고 있다. 즉 검사작성의 피의자신문조서도 이제 피고인이 '공판정에서 부인하면' 이를 증거로 할 수 없다고 하는 면에서는 사법경찰관작성의 피의자신문조서(이하 경찰조서)와 근접하게 되었다. 이번 판결의 또 다른 의미가 여기에 있다.

지금까지 형사절차에서 경찰조서와 검사조서의 증거로서의 차이는 매우 중요한 의미를 가졌다. 우선 피고인이 공판정에서 피의자신문조서의 기재내용이 사실과 다르다고 주장하는 경우, 검사조서만 증거로 할 수 있게 됨으로써 검사가 수사의 주도적 역할을 하는 데 중요한 이론적 역할을 하였다. 또한 동일한 범죄사실에 대한 사법경찰관의 초동수사에 이어 검사가 이중수사를 하게 해 온 실무적 도구로서의 역할을 하기도 하였다.

사정이 이렇다 보니 실무상으로도 공판절차에 회부할 사건은 경찰조서가 있음에도 불구하고 검사조서를 이중으로 작성하는 것이 관례였다. 이러한 이유로 사법경찰관이 사전에 검사의 지휘를 받으면서 수사한 후 검사에게 송치한 중요한 사건에서나, 혹은 검사와 사법경찰관의 작성내용에 있어서 다를 바 없는 정형적인 범죄(예를 들어 부정수표단속법 위반)에 있어서나 모두 검사가 재조사를 해 왔는데 그만큼 사법적 비능률이 있어 온 것이다.

따라서 이번 판결은 공판중심주의 구현의 시도라는 문제에서 한 걸음 더 나아가 검찰과 경찰 간의 수사에 관한 권한과 책임을 기능적으로 배분케 하는 계기가 될 수 있을 것으로 보인다. 만약 이것이 가능하다면 형사사법의 효율성 면에서 훨씬 더 능률적일 것이다. 그리고 권한이 어느 한 기관에 독점되기보다는 서로 적절한 견제와 균형이 유지되는 곳에서 오히려 양질의 서비스가 가능하다고 본다면 수혜자로서 국민들이 체감하는 사법서비스도 더 나아질 것으로 예상된다.

이번 대법원 판결은 지금까지 언급한 것 외에도 여러 면에서 바람직한 파급효과를 가져올 것으로 보이는데 그 궁극의 지향점은 피고인(혹은 피의자)의 인권보호에 있다. 이로써 우리 형사절차가 한 걸음 더 성숙한 단계로 진입하게 될 계기가 될 것임이 확실하다. 차제에 형사절차는 공판과정이 그 중심이 되는 것이되 한편으로 피고인의 법률지식 및 소송능력 등이 검사에 비하여 열등하다는 점을 고려하여 철저히 '의심스러울 때는 피고인의 이익으로' 돌아갔으면 한다.

〈LegalTimes 2005. 1. 8〉

구속사유, 형사소송법의 원칙에 입각해야

한 전직 고법 부장판사의 구속영장을 둘러싸고 검찰에서 청구할 때도 그랬고, 영장 발부 후인 지금도 그 여진이 남아 있는 것 같다. 고위직 법관의 법조 비리혐의 사건이었다는 점을 감안하면 일면 이해가 되기도 한다.[9] 사실 이 문제를 엄밀히 관찰하면 구속영장 발부기준에 있어서 국민의 법감정을 중시할 것인가, 아니면 형사소송법의 원칙을 중시할 것인가에 대한 고민에서 비롯된 것이라고 할 수 있다.

종종 그래 왔듯이 구속영장의 발부 여부에 대한 지나칠 정도의 관심은 국민의 법감정을 중시해 온 우리 법문화의 일면을 보여주는 한 예라 하겠다. 그러나 아무리 중대사건이라고 할지라도 형사소송법은 불구속수사 및 불구속재판을 원칙으로 하고, 예외적으로 구속을 하지 않으면 수사나 재판의 진행이 어려울 때에만 구속하도록 규정하고 있다.

그럼에도 불구하고 수사절차에서 구속이 초미의 관심사가 되고 있음은 우리 형사사법의 파행적 운영의 일단을 보여준다. 이는 구속을 곧 유죄로 생각하는 사회 저변의 경향과 무관하지 않아 보이는데, 이러한 의식이 생겨난 것도 그동안 법원과 수사기관이 구속제도를 잘못 운용하였기 때문이라고 할 수 있다. 특히 구속되지 않은 사람에 대해서는 실형을 선고하지 않고, 구속된 사람의 경우에도 구속을 관대한 형 선고의 근거로 삼았기 때문이다.

이러한 법문화는 실무상 구속사유에서 '혐의의 중대성'을 중시하는 관행을 낳았다. 이 사유야말로 형사소송법상의 구속사유인 증거인멸 및 도주우려를 판단하는 초법규적 척도로 기능하여 왔다고도 할 수 있다. 이 혐의의 경중에 따른 구속사유는 형사소송법의 어느 규정에서도 찾아볼 수 없다. 그리고 형사소송법상의 구속사유를 이렇게 넓게 해석해서도 안 된다.[10]

구속 여부를 가리는 데 있어서는 철저하게 형사소송법의 규정을 따라야 한다. 사건이 중하면 국민적 관심사도 높을 터이지만 이는 자칫 사법의 잣대가 국민적 여론에 부합될 수 있음을 경계하여야 한다. 의심스러울 때에는 주저하지 말고 피의자의 이익으로 돌아가야만 한다.

피의자가 단지 범죄혐의를 부인한다고 하여 증거인멸 및 도주우려가 있다고 보는 것은 자백을 강요하게 되는 결과를 초래할 수 있다. 자백 위주의 수사의 폐해에 관하여는 더 이상 언급할 필요가 없을 정도로 잘 알려져 있다.

뿐만 아니라 형사소송법은 수사기관이 피의자를 신문함에는 그 이익되는 사실을 진술할 기회를 주도록 하고 있다. 여기서 이익되는 사실은 적극적으로 자신에게 유리한 사실을 주장하는 것에서 나아가 범죄혐의를 부인하는 것도 포함된다면 이 또한 피의자에게 부여된 권리의 하나로 이해할 수 있다. 따라서 범죄혐의 부인을 이유로 구속사유를 추정함은 피의자에 대한 명백한 권리의 침해라고 하여야 한다.

이번 전직 고법 부장판사의 사건을 다시 한번 구속의 의미와 그 사유에 대하여 냉철하게 재음미하는 계기로 삼아야 할 것이다. 다시 말하지만 인신구속을 함에 있어서는 형사소송법상의 구속사유가 철저하게 지켜져야 한다. 특히 불법·부당한 구속에 대한 구제방법으로서의 체포구속적부심사제도가 사실상 제 구실을 다하지 못하고 있는 현실에서는 더욱 그렇다. 형사소송의 대원칙인 무죄추정의 원리도 불구속수사의 원칙이 정립되지 않고는 기약할 수 없음을 명심하여야 한다.

이제 구속을 형벌의 일종으로 사용하던 관행에서 벗어나 불구속수사의 원칙을 확립하고, 만약 범죄혐의가 인정되면 법관이 범죄의 경중에 따라 엄격한 형벌을 부과하는 원칙을 확립해야 할 것이다. 그리고 오해를 줄이기 위해 이러한 원칙을 금력이나 권력을 행사할 수 없는 피의자, 피고인들로부터 적용해 나가도록 하여야 할 것이다.

〈법률신문 2006. 8. 21〉

임의동행의 적법성 기준*

2006년 7월 6일 대법원은 임의동행의 방법으로 4명의 경찰관들에 의하여 긴급체포되어 수사관서에 연행되었던 범죄혐의자가 사법경찰관리의 소홀한 감시를 틈타 도주한 사안에서, 피고인에 대하여 긴급체포의 절차를 밟았다고 하더라도 이는 임의동행의 형식 아래 행해진 불법 체포에 기하여 사후적으로 취해진 수단에 불과하므로 그와 같은 긴급체포는 위법하다고 하여 피고인에 대하여 도주죄를 인정하지 않고 무죄를 선고한 원심을 확정하였다(대판 2006. 7. 6. 2005도6810).

대법원은 위 판결에서 임의동행시 수사기관으로 하여금 피의자에 대하여 동행거부권의 고지 및 퇴거의 자유 보장 등을 내용으로 하는 구체적 적법성의 기준을 제시하고 있다. 그 이유로 든

* 원래의 제목은 "임의동행의 적법성 기준 및 실체에 관한 대법원 2005도6810 판결의 음미"이나 읽는 분들의 이해를 돕기 위하여 적절한 제목으로 바꾼 것이다.

것이 임의동행은 상대방의 신체의 자유가 현실적으로 제한되어 실질적으로 체포와 유사한 상태에 놓이게 됨으로써 형사소송법의 원리에 어긋나는 결과를 초래할 가능성이 크다는 점이다.

수사기관이 피의자에게 동행거부권을 고지하게 되면 대개의 피의자는 임의동행을 거부할 것이므로 실질적으로 임의동행 자체가 무의미해질 수 있다. 이 점에서는 단순히 동행의 시간과 장소, 동행의 방법, 동행거부 의사의 유무, 동행 이후의 조사방법과 퇴거 의사의 유무 등 여러 사정을 종합하여 객관적인 상황을 기준으로 하던 종전의 판결(대판 1993. 11. 23. 93다35155 등)에 비하여 이 판결은 진일보한 면이 있다.

한편 임의동행을 수사의 시간 벌기를 위한 방편으로 활용하던 탈법적 수사관행을 근절할 수 있는 계기를 마련하였다는 점에서도 이 판결은 의의가 있다. 종래 구속 및 긴급체포할 자로서 범죄혐의가 분명하지 않은 경우 일단 임의동행의 형태로 수사관서에 연행하여 조사한 후 어느 정도의 혐의가 드러나면 비로소 구속영장을 청구하거나 긴급체포하는 사례가 있었음은 잘 알려진 사실이다.

동시에 이 판결은 경찰관직무집행법상의 직무질문(혹은 불심검문)에 부수하는 동행 요구에 대하여도 사법경찰작용인 수사로 이어지는 경우에는 역시 형사소송법의 제한 규정에 따르도록 하고 있다. 이는 형사소송법상의 강제수사에 대한 규제를 행정경찰작용인 임의동행을 통하여 달성하려는 편법을 차단하고자 하는 데 그 목적이 있는 것으로 볼 수 있다. 행정경찰작용과 사법경찰작용의 영역이 공존함에서 비롯되는 직무질문의 체계상 혼란을 나름대로 해결하려는 대법원의 태도가 엿보인다.

문제는 이 판결이 종래 관행적으로 행하여져 오던 임의동행을 형사소송법 제199조제1항 본문의 임의수사의 한 유형으로 본다는 점이다. 현실적으로 임의동행은 말로만 피의자의 임의이지 실제에 있어서는 수사기관의 임의에 의하는 경우가 많았음은 지난 시절의 형사절차가 잘 말해준다. 임의의 형식을 빌린 강제수사나 다름없는 것이다.

임의동행을 이렇게 이해하면 이를 형사소송법의 규정에 의한 수사방법으로 보기 어렵다. 사실상 강제수사나 다름없는 것을 법률에 특별한 규정이 없음에도 불구하고 이를 인정해 버리는 것이 되기 때문이다.

이러한 의미에서 이 판결은 임의동행의 적법성 기준을 구체적으로 제시하여 피의자의 인권신장에 기여하였다는 평가에도 불구하고 그 실체를 인정하려는 시도를 함으로써 한계를 보이고 있다. 대법원 스스로 임의동행이 제도적 및 현실적으로 임의성이 보장되지 않는다고 보면서 명시적 규정이 없는 그 실체를 인정함은 논리모순이라고 할 수밖에 없다.

대법원도 언급하였듯이 임의동행에 응하는 것이 대개의 경우 마지못해 응하게 된다는 점을 생각하면 이는 사실상 강제연행이나 다를 바 없게 되는 것이다. 이러한 현상은 동행거부권을 고지하는 방법으로 그 권리를 인식케 하더라도 만약 고지 자체가 형식에 치우치면 역시 마찬가지이다.

판결에는 언급이 없지만 설령 어떠한 형태로든 임의동행을 인정하는 경우에도 동행거부권을 고지함에 있어서는 피의자가 그 의미를 이해할 수 있도록 명확하게 해야 한다.

뿐만 아니라 수사기관의 동행요구를 거부하더라도 불이익을 받지 않는다는 것을 고지하여야 한다. 동행거부권의 고지에 따른 동행의 여부가 피의자의 자율적인 의사에 의한다면 문제가 없지만, 자칫 동행의 거절로 인하여 더 큰 불이익을 받을 수 있다는 외형적 상황 및 내심의 의사가 조성되면 동행에 순순히 따를 수밖에 없을 것이기 때문이다.

형사소송법상의 진술거부권을 포괄적으로 이해하여 수사기관의 출석요구에 응하지 않을 권리도 포함된다고 보면 결국 고지의 방법 및 정도에 있어서 양자는 동일하다고 볼 수 있다. 이 경우에도 동행의 임의성에 대한 법원의 엄격한 심사가 뒤따라야 할 것임은 물론이다.

형사소송법은 피의자신문을 위한 방법으로 출석요구를 규정하고 있고, 검찰사건사무규칙에서는 이를 구체화하여 검사의 피의자 등에 대한 출석요구의 방법으로 출석요구서, 전화 및 모사전송 등을 규정하고 있다. 따라서 수사기관의 피의자신문을 위한 임의동행에 의한 출석요구는 이 범위를 벗어나는 것으로, 현행법은 피의자의 출석 확보를 위한 방법으로 임의출석요구제도만 예정하고 있다고 보아야 한다.

뿐만 아니라 임의동행의 폐해를 근절시키기 위하여 그 대체수단으로 체포영장제도를 도입하고, 긴급체포제도를 인정하면서도 이를 계속하여 적법한 수사방법으로 보는 것은 지나치게 수사편의적 사고의 발로다.

사정이 그러함에도 불구하고 임의동행에 대하여 새삼스럽게 적법성 기준을 담보로 그 실체를 인정하려는 위 대법원 판결은 시대착오적인 것으로 마땅히 변경되어야 한다.

〈법무사저널 2007. 7·8월호〉

우병우의
영장기각에 대한
단상斷想

검찰이 17일 박근혜 전 대통령과 우병우 전 청와대 민정수석을 재판에 넘김으로써 국정농단 사건의 수사가 일단락된 모양새이다. 그런데 주범들이 모두 구속된 채로 재판에 넘겨졌으나, 우 전 수석만 불구속기소되어 뒷맛이 개운치 않다. 많은 의혹의 중심에 있다는 의심을 받아온 우 전 수석이기에 그렇다.

우 전 수석에 대한 구속영장이 법원에 의하여 기각되었을 때 민심이 분노한 이유도 여기에 있다. 그를 둘러싸고 있는 갖가지 의혹을 생각하면 일반인의 입장에서 영장기각은 아무리 생각해도 이해하기 어려웠던 것이 사실이다.

헌법상의 무죄추정 원칙에 비추어 보면 불구속수사·재판이 원칙이며, 형사소송법상 구속은 범죄혐의자의 도망과 증거인멸을 방지하여 수사나 재판을 원활하게 진행하기 위한 수단에 불과하다. 형사소송법에 따르면 구속은 상당한 범죄 혐의가 있을 것을 전제로, 그 사유로서 증거인멸 및 도망의 염려가 있는 경우로 제한된다. 다만 구속 사유를 판단함에 있어서 범죄의 중대성 등을 고려하도록 하고 있으나, 이는 어디까지나 보충적인 요건에 불과한 것으로 보아야 한다.

그럼에도 불구하고 왜 죄가 중하면 구속을 요구하는 목소리가 높은가? 이는 구속을 유죄로 보는 사회 저변의 시각과 죄가 중하면 무조건 구속해 놓고 보는 사법기관의 관행에서 비롯된 바가 크다. 지나치게 국민의 법감정에 치우치다 보니 그 취지가 왜곡되어 온 탓이다. 우병우 사건에서도 예외는 아니다.

우 전 수석을 두둔하고자 함이 아니다. 우 전 수석은 박 전 대통령발發 국정농단의 중심에 있음이 이미 특검 수사를 통하여 상당 부분 드러난 바 있다. 검찰 내에서는 '우병우 사단'이라는 말까지 나돌 정도이다. 우 전 수석에게 '법꾸라지'니 '우꾸라지'니 하는 별명이 따라다니는 것도 이런 세력이 포진하고 있기에 가능함을 아는 사람은 다 안다.

물론 범죄 혐의가 충분히 소명되고 증거인멸 및 도망의 염려가 있으면 구속수사·재판을 하는 것이 마땅하다. 우 전 수석의 소행만 놓고 보면 분통이 터지지만, 법을 수호할 책무를 지닌 법원은 일차적으로 법리에 충실해야 한다. 법관이 법이 아닌 감정적인 잣대로 재단한다면, 이는 법치주의를 포기하는 것과 다름없다.

한편 구속 사유가 없어도 범죄 혐의가 증명되고, 그 정도가 중하면 재판에서 유죄의 중형을 선고하면 된다. 그런 점에서 보면 법원의 판결선고에 이목이 집중되는 것이 지극히 정상이다. 그런데도 검찰의 영장이 초미의 관심사가 되고 있음은 아직도 검찰권이 득세한다는 말로밖에 표현할 길이 없다. 오죽하면 "검찰이 바로 서면 나라가 바로 선다"고 하겠는가.

우 전 수석의 영장기각이 법원의 판단대로 검찰이 제기한 범죄 혐의의 상당성에 의심이 갔기 때문이라면 검찰은 입이 열 개라도 할 말이 없다. 특히 문제 발생 초기의 늑장 수사와 소극 대응을 생각하면 더욱 그렇다. 검찰에 대한 안팎의 상황이 녹록지 않은 상황에서 수사 전선戰線이 검찰 내부로 확대될까 봐 '봐 주기식 수사'로 일관할 수밖에 없었다는 것이 이번 사건의 전말이라 여겨진다.

검찰은 영장 재청구 여부를 고민한 것으로 알려졌다. 우 전 수석에 대한 영장기각은 특검에 이어 두 번째다. 그런데 범죄 혐의조차 제대로 소명하지 못해 놓고 영장에만 목매는 듯한 행태를 보여준 검찰의 모습은 볼썽사납기조차 하다. 지금까지 보아 왔듯 검찰은 마음먹기에 따라서 얼마든지 원하는 결과를 낼 수 있는 출중함을 지니고 있다. 애초부터 영장청구가 면피성이었거나, 영장 재청구 운운이 부실수사라는 원죄를 감추려는 숨은 의도가 있었던 것은 아닌지 의심이 가는 이유이다.

사정이 이러함에도 박 전 대통령의 기소와 맞물려 혹여 국민을 속이려 들었다면 더 이상 검찰이 설 땅이 없음을 알아야 한다. 대선 후보들이 앞다투어 검찰 개혁에 대하여 연일 부르짖는 것도 다 이유가 있다. 법원 또한 명심해야 한다. 말 많고 탈 많은 사건일수록 원칙대로 재판하는 것이 빛나는 것임을. 이래저래 무죄를 걱정해야 하는 검찰만 곤혹스럽게 됐다.

〈이투데이 2017. 4. 19〉

형사조정에 관한 제언

최근 지인인 어느 검찰청의 형사조정위원으로부터 자신이 경험한 조정과정에 관하여 들은 적이 있다. 형사조정이 성립되지 않아 가해자와 피해자가 모두 돌아간 이후에 상임조정위원으로부터 조정실적을 고려해야 한다며 전화 조정 시도를 권유받았는데, 지인인 형사조정위원이 억지로 조정할 수는 없다며 거절하였다는 내용이었다. 형사조정위원은 이미 검찰청에서 조정이념이나 조정기법 등에 관하여 충분히 교육을 받고 절차에 참여한다는 점에서 의외의 사실로 받아들였던 기억이 있다.

형사조정제도는 재산범죄나 일부 친고죄와 같은 일정 사건에서 검사의 사건처리 전에 미리 거치게 하는 제도다. 시행 초기인 2007년에 비하여 매우 빈번하게 행하여지고 있는데, 2017년 말 현재 검찰에 접수된 전체 형사사건 187만 448건 중 5.5%에 해당하는 10만 2,665건이 조정에 회부된 것으로 알려져 있다. 사건처리에 골머리를 앓고 있는 검찰로서는 매우 효율적인 사건처리 방편임에 틀림없다.

문제는 그 과정에서 형사조정의 이념이 제대로 구현되고 있는지 여부다. 우리나라에서 형사조정은 지금껏 관행으로 행해져 온 형사합의라는 말로 이해되어 온 측면이 있다. 하지만 엄밀한 의미에서 둘은 서로 다르다고 보아야 한다. 형사합의는 당사자 간의 결과에 중점을 두는 경향이 강한데 대하여, 형사조정은 회복적 사법 이념에 근거하여 결과에 이르는 절차도 중시된다는 점에서 차이가 있다.

형사조정은 당사자 사이에 제3자의 개입을 통하여 범죄 이전의 평온한 상태로 되돌린다는 회복적 사법restorative justice 이념 그 자체 혹은 이를 구현하기 위한 실천원리라고 할 수 있다. 형사조정제도가 형사소송법이 아닌 범죄피해자보호법에 규정되어 있는 것도 회복적 사법과의 관련성 때문이다.

회복적 사법은 1970년대 이후 북미와 유럽을 중심으로 전통적 형사사법인 처벌을 통한 사회방위라는 응보적 사법에 대한 반성에서 비롯된 것이다. 이는 범죄를 국법질서의 침해로서보다는 하나의 사회현상으로 보아 가해자, 피해자, 그 가족 및 지역사회를 함께 참여시키는 사회적 관계 속에서 문제를 해결하고자 한다. 즉 제3자인 지역사회의 중재로 가해자는 피해자에게 진정한 사과와 배상을 통하여 피해를 회복하고, 피해자는 가해자를 용서함으로써 평온한 상태로 되돌리는 것을 목표로 한다.

이렇듯 형사조정은 근본적으로 회복적 사법과 불가분의 관계에 있다. 하지만 위 현장사례에 있어서와 같이 비대면 전화 조정절차가 진행될 경우 그 본질을 간과하고 있다는 점에서 몇 가지 문제가 있다. 이를 형사조정의 바람직한 방향과 결부지어 살펴본다.

첫째, 형사조정은 당사자의 진정한 동의에 의하여 절차가 개시되어야 한다. 동의는 형사조정의 취지를 충분히 설명하고 이를 이해한 당사자로부터의 자발적인 동의가 전제되어야 한다. 이러한 동의가 수반되지 않은 조정절차는 그 이념이 터 잡고 있는 회복적 사법에 비추어 생각할 수 없을 뿐만 아니라 사법기관의 지나친 조정성립 실적주의에 이용되고 있다는 비난에서 벗어나기 어렵다.

둘째, 형사조정의 목적은 단순히 당사자 간의 합의를 이끌어 내는 데 있지 않다. 앞서 본 바와 같이 그것은 합당한 결과뿐만 아니라 그에 이르는 절차도 중시된다. 그런 의미에서 당사자로부터 조정절차로의 이행 동의가 있으면 심리적으로 평온한 장소를 택하여 서로 대면한 상태에서 진행되는 것이 바람직하다.

셋째, 형사조정이 단순히 사건처리 방편으로 기능해서는 안 된다는 사실이다. 물론 인구 1인당 일본의 100여 배에 해당한다는 형사고소 사건을 처리하기 위한 사법경제적 측면도 중요하다. 하지만 형사조정이 기본적으로 회복적 사법 이념에서 출발한 것이며 범죄피해자보호법에 규정되어 있다는 점에서 일차적으로 근본이념이 도외시되어서는 안 된다. 이런 면에서 형사조정의 지향점은 그 이념적 토대 위에서 사법경제적 측면을 고려하는 방법이어야 할 것이다.

형사조정제도는 가해자와 피해자의 관계개선을 통한 지역사회의 평온을 회복할 수 있으며, 사건폭주에 시달리는 사법기관의 업무효율성을 높인다는 점에서 바람직한 제도임에 틀림없다. 하지만 조정은 합의와 달리 그 절차도 중요하다는 점에서 끊임없이 조정이념을 되새기면서 절차가 진행되어야 할 것이다. 그렇지 않으면 자칫 가해자에게 면죄부를 주고 피해자의 2차피해자화를 초래할 수 있음을 유의하여야 한다.

〈법률신문 2018. 11. 12〉

수사권 조정과 검사조서의 명암明暗*

현행 형사소송법 제312조제1항은 검사작성 피의자신문조서(이하 검사조서)의 증거능력에 관하여 규정하고 있다. 이 조항은 지금까지 검사의 피고인에 대한 강력한 무기이자 사법경찰관리에 대한 우월성을 뒷받침해 왔다. 이것이 최근 국회를 통과한 수사권 조정 법안(이하 개정법)의 개정내용에 포함됨으로써 1954년 제정법 이래로 새로운 국면을 맞게 되었다.

연혁을 되짚어 보면 이 규정은 세 차례 걸친 개정을 통하여 오늘에 이르도록 경찰작성 피의자신문조서(이하 경찰조서)에 대하여 검사조서의 중요성을 부각시켜 왔다. 1954년의 제정법은 성립의

* 원래 제목은 "수사권 조정과 형사소송법 제312조제1항의 명암(明暗)"이나 읽는 분들의 이해를 돕기 위하여 적절한 제목으로 바꾼 것이다.

진정함을 증거능력 요건으로 하면서 출발하였다. 이후 1961년의 개정을 통하여 예외적으로 피고인이 된 피의자의 진술을 기재한 조서는 특히 신빙할 수 있는 상태(이하 특신상태)에서 행하여진 때에만 증거로 사용할 수 있도록 하였다.

이 엄격한 예외조항은 대법원의 2002도537 전원합의체 판결(2004)이 나올 때까지는 줄곧 대법원이 주창해 온 형식적 진정성립이 인정되면 실질적 진정성립에 이어 특신상태까지 인정된다는 단계적 추정론에서 헤어나지 못하면서 취지를 살리지 못했다. 이 판결을 계기로 추정 관행이 깨짐에 따라 단서조항의 성격에 대한 논란이 일었으나 대체로 본문에 대한 가중요건으로 이해하였다.

우리 형사절차에서 적법절차가 한층 무르익던 시기인 2007년에 이르러 위 조항은 또 한차례 엄격하게 개정을 요구받았다. 적법한 절차와 방식, 피고인이 진술한 내용과 동일한 기재, 특신상태하에서 행하여질 것이 그것인데 개정 후 오늘에 이르고 있다.

민주화의 진전과 함께 점차 엄격성을 더해온 이 규정이 이번 개정법에서 정점을 찍기에 이르렀다. 적법한 절차와 방식에 의하고 피고인이 그 내용을 인정할 때에만 증거로 사용할 수 있도록 함으로써(이하 개정조항) 사법경찰관의 그것과 동일하게 검사조서의 지위를 격하시킨 것이다. 이렇듯 검사조서의 증거능력 요건은 시대와 운명을 같이해 왔음을 알 수 있는데, 이런 연유로 그 변천사가 곧 피의자 및 피고인(이하 피고인 등)의 인권보장의 역사라고 할 수 있다.

제312조제1항의 또 하나 중요한 연혁적 의의는 검사조서가 경찰조서에 비하여 증거능력 요건이 완화되어 있는 관계로 검사의 경찰에 대한 우월적 지위를 유지할 수 있는 근간이 되어 왔다는 점이다. 그것이 지금까지 검사의 수사주재자로서의 지위 부여에 중요한 한 법적 근거를 제공해 온 것도 사실이다.

사건과 근접한 현장에서 작성되는 신선한 경찰조서가 공판정에서 정작 증거로서 인정받기 쉽지 않았던 것도 다 이 규정 탓이다. 그런 까닭에 사실관계가 단순한 사건인 경우에도 정식재판이 필요하면 검사가 이중으로 조서를 작성하는 것이 실무관행이었다. 만약 검사조서 없이 경찰조서만으로 기소하였다가 공판정에서 피고인이 내용을 부인하기라도 하면 조서 없이 기소한 것과 다름없는 결과가 되기 때문이다. 반면에 검사조서가 있는 경우 피고인이 경찰조서 내용을 부인하더라도 검사조서를 증거로 재판을 할 수 있기 때문이다.

개정조항으로 향후 수사 현실과 재판 모습이 이전과 많이 달라지게 되었다. 먼저 수사 현실에서 예상되는 변화다. 개정조항이 시행되면 특별한 경우를 제외하고는 경찰로부터 송치된 사건을 검사가 거듭 조사하는 모습을 보기가 쉽지 않을 것이다. 이는 피의자를 이중조사의 부담에서 벗어나게 할 뿐만 아니라 수사절차가 신속히 진행될 수 있을 것임을 말해준다. 대신 수사기관으로서는 증거능력을 인정받기 위한 증거채취절차가 더욱 중요한 과제로 떠오르게 되었다.

다음으로 재판과정에서 예상되는 변화다. 2007년의 개정 형사소송법은 조서재판을 극복하고자 공판중심주의를 강화하여 피고사건에 대한 법관의 심증을 공판과정에서 형성하도록 하였다. 개정조항에서는 검사조서의 증거능력을 경찰조서와 동일하게 함으로써 이후 공판절차에서 검사와 피고인 간의 공방이 치열하게 전개될 것임이 예상된다. 이런 사정 아래서 수사기관조서의 역할이 후퇴하고 공판이 강화될 것이다.

개정조항이 시행되면 우선 검사의 입증책임 부담이 더해질 것으로 보이고, 법관 또한 올바른 심증 형성을 위한 세심한 공판심리 진행이 요구될 것이다. 이러한 현실에서 검사와 법관 모두 공판에 치중하는 환경이 조성되면서 사법절차의 중심이 자연스레 법원으로 옮겨가 사법이 제자리를 찾아가는 한 계기가 될 것으로 전망된다.

제정 이래 지금껏 경찰과의 관계, 공소제기 및 공소수행에서 검사의 보도寶刀와도 같은 역할을 하던 현행 제312조제1항의 완화요건이 곧 역사의 뒤안길로 사라지게 되었다. 반면에 피고인 등의 방어권 보장과 인권 보장이라는 측면에서는 크게 나아간 것으로 평가된다. 수사권 조정에 따른 개정조항의 핵심은 수사와 공판절차의 변화가 결국 피고인 등의 인권 보장을 위한 것이며 또 그것이 현실로 나타날 것이라는 사실이다.

개정조항은 다른 조항과는 달리 공포 후 4년 내에 대통령령으로 정하는 시점부터 시행하도록 되어 있다. 시행시기를 충분히 부여한 만큼 수사와 재판절차에서 잘 연착륙시켜 수사권 조정 취지에 맞게 시민의 인권 보호로 이끌어 내야 한다.

〈법률신문 2020. 4. 2〉

주(註)

1. 부산 남포동 일대의 오락실을 장악하기 위하여 '신이십세기파'라는 범죄단체를 조직·관리한 혐의로 기소된 사건의 공판에서, 수사기관이 피의자를 신문하면서 미리 진술거부권을 고지하지 않은 상태에서 작성한 피의자신문조서는 위법하게 수집한 증거로서 증거로 할 수 없다고 선고한 사건이다(대판 1992. 6. 23. 92도682). 남포동 일대의 오락실 영업권을 두고 신이십세기파와 칠성파의 다툼은 영화 '친구'(2001)의 배경이 되기도 했다.

2. [지난 날 미란다고지의 모습] 이 당시에는 피의자신문조서 첫머리에 "아래 피의자에 대한 　피의사건에 관하여 __년 __월 __일 ______경찰서에서 사법경찰관 __________는(은) 사법경찰리 __________를(을) 참여하게 하고 피의자에게 피의사건의 요지를 설명한 후 형사소송법 제200조 제2항의 규정에 의하여 진술을 거부할 수 있는 권리가 있음을 알려준 즉, 신문에 따라 임의로 진술하겠다고 하므로 다음과 같이 신문하다."라는 문구가 인쇄되어 있었다. 경찰은 이 문구를 읽어주는 방법으로 진술거부권을 고지하거나 혹은 이 문구를 읽어주는 것마저 생략한 채 신문을 시작하는 경우도 있었다. 신문 후 피의자가 이 조서에 서명날인하면 당연히 진술거부권을 고지한 것으로 여겼다. 이러한 형식적 고지 관행은 2007. 12. 31. 「사법경찰관리집무규칙」이 개정될 때까지 지속되었다.

3. 친고죄는 고소가 있어야 검사가 공소를 제기할 수 있는 범죄유형을 말한

다. 형법에서의 사자(死者)명예훼손죄, 모욕죄 등과 저작권법위반 등이 여기에 해당한다.

4. 입건이란 그대로 직역하면 사건으로(건) 일으켜 세운다(입)는 의미이다. 실무상으로는 수사기관의 사건부에 등재되는 행위를 말한다. 이때 순서에 따라 부여되는 것이 사건번호이다.

5. 대검찰청 범죄분석(2019)에 따르면 2018년 한 해 동안 재산범죄 453,680명 중 검사의 혐의없음 처분으로 종결되는 사건이 127,404명으로 여전히 전체 재산범죄의 28.1%를 차지하고 있다.

6. 앞의 주 1 참조.

7. 배심제 재판도 2007. 6. 1. 「국민의 형사재판 참여에 관한 법률」이 제정되어 이미 2008. 1. 1.부터 시행되고 있다. 배심제는 영미식으로 배심원이 유죄·무죄만 결정하는 것을 말하고, 참심제는 프랑스, 독일과 같은 대륙식으로 참심원이 유죄·무죄뿐만 아니라 형의 양을 정하는 데도 관여한다. 우리 법제는 명칭은 익숙한 배심제를 사용하나 두 제도가 혼합된 형태로 볼 수 있다.

8. 법관이 공판과정에서 나타나는 검사와 피고인의 주장을 보고 재판하는 것이 아니라 수사기관이 작성한 각종 조서의 내용을 보고 이에 따라 재판이 행하여지는 것을 두고 비아냥조의 '조서재판'이라는 용어가 사용되어 왔다. 검찰권위주의가 지배할 때 이러한 현상이 있었다.

9. 현직 고등법원 부장판사(차관급) 신분으로서 2006년 당시로서는 사상 최고위직 현직 법관에 대한 검찰수사가 개시되어 영장이 청구된 사건이다. 당시 조모 부장판사는 다른 사건의 재판에 대한 청탁 대가로 브로커로부터 억대의 금품을 받은 혐의를 받았다.

10. 혐의의 중대성은 2007. 6. 1. 개정 형사소송법에서 '범죄의 중대성'이라는 용어로 구속사유를 판단하는 하나의 고려요소로서 공식적으로 편입되었다.

3

인권을 향하여

검찰법조일원화제도의 전제조건

2005년 말경부터 법원이 변호사 출신의 법관을 선발하면서 구체화되기 시작한 이른바 법조일원화제도가 검찰에서도 시도되는 것 같다. 그동안 법조일원화는 주로 법관의 충원방식과 연계되어 많이 논의되어 왔고 검찰은 논의로부터 조금 벗어나 있었다.

이런 점에서 이번에 변호사를 검사로 임용하는 제도의 도입은 충분히 '문민 법무부'의 구상답다. 충원방식을 공식화하고 있는 점이나 "국민의 눈높이에서 검사를 뽑는다"는 제하의 법무부 보도자료의 취지에서 이를 '검찰법조일원화제도'라고 불러도 될 것 같다. 법무부는 전문수사 영역에서부터 이 제도를 시행하려는 계획인 것 같다.

그런데 이 제도가 성공적으로 정착하기 위해서는 다음과 같은 몇 가지 요건이 충족되어야 할 것이다.

첫째, 부장검사를 비롯한 상급자의 직위내용의 변화가 수반되어야 한다. 검사동일체의 원칙이 폐지되었다고 하지만 현행 검찰 조직에서는 아직도 이 원칙이 생명력을 유지하고 있다. 따라서 이전의 검사동일체의 원칙에 의한 상급자의 지휘·감독 등의 업무통제수단으로서의 기능을 사건결정에 대한 자문 및 조직관리 등 행정적 관리차원의 직위내용으로 과감하게 전환하여야 한다. 그렇지 않으면 연공서열을 중시하는 법조계의 특성상 법무부가 의도하는 연륜 있고 정의감 넘치는 변호사를 영입하기란 쉽지 않을 것이다. 이러한 논의는 독임제관청[1]으로서의 검사의 성격에 부합하고, 최근 법무부가 부장검사도 그 능력에 따라서 평검사로 발령할 수 있다고 하는 것과 그 궤를 같이한다.

둘째, 검사로 임용되는 변호사는 전문성도 갖추어야 하지만 유연한 사고도 갖춘 사람이어야 한다. 형사법이라는 무기로 무장된 검사檢事는 자칫 검사劍士이기 쉽다.[2] 이러한 면에서 일정기간 변호사로 활동하면서 접한 다양한 경험은 사건을 처리하는 데 있어서 균형된 시각을 유지시켜 줄 수도 있을 것이다. 이는 또한 일각에서 제기하고 있는 사회무경험자의 검사임용에 대한 부정적인 시선도 어느 정도 잠재울 수 있을 것이다. 이번 법무부의 구체적 임용기준을 보면 전문성을 강조하는 것으로 보이는데, 이와 함께 다양한 사회경험도 중시해야 할 것이다.

셋째, 검찰법조일원화제도가 어느 정도 정착화될 때까지라도 일정한도의 의무근무기간을 두는 것을 고려하여야 한다. 검사는 공무원 신분이므로 특히 보수면에서 변호사보다 열악한 조건에 있다. 따라서 이러한 현실적인 어려움과 이를 자신이 의무적으로 근무해야 하는 동안 충분히 감당할 수 있는지를 본인이 신중하게 고려하도록 해야 한다. 단순한 열정만으로 검사로 임용되었다가 현실적 어려움 때문에 조기퇴직하게 되는 사례가 빈발하게 되면 제도가 정착되기 어려워진다.

넷째, 전관예우의 관행을 불식시켜야 한다. 법조인이 연간 1,000명씩 배출되고 있지만 아직도 전관예우의 관행이 남아 있다. 따라서 법조일원화가 우수한 법관·검사를 확보하기 위한 제도가 아니라 변호사로서의 경력관리를 위한 수단으로 전락될 수도 있다. 그 동안의 법조비리 사건에서 전관변호사들과 관련된 경우도 많았음은 그러한 우려를 낳기에 충분하다.

다섯째, 검사로 임용되는 변호사라고 하더라도 그가 공직자로서의 기본자격을 갖추었는가를 엄격하게 심사해야 한다. 이미 지난해 말부터 실시하고 있는 변호사의 법관 선발에 있어서는 예상과 달리 신청자가 부족하다고 한다. 많은 변호사들이 이 제도를 강력하게 주장하였다는 점을 생각하면 이러한 결과는 의외라고 할 수 있다. 그런데 그 이유가 신청사실의 외부공표, 사건수임 내역의 공개 등 그 조건이 엄격하기 때문이라고 한다. 그러나 이 때문에 임용자격을 완화한다면 다수의 변호사 중 우수한 변호사를 법관·검사로 임용한다는 법조일원화의 취지에 어긋날 수 있게 된다.

검찰법조일원화가 전관예우와 연결된 '잘나가는 변호사'의 양성소로 전락할 수 있다거나, 혹은 변호사 시절에 쌓은 이해관계로 얽혀있는 많은 인맥에 의하여 검사들이 휘둘릴 가능성이 있다는 등의 우려가 현실화되지 않도록 하기 위해서는 적어도 위에서 제시한 조건들은 철저하게 지켜져야 할 것이다. 모든 일이 그렇듯이 검찰법조일원화에서도 첫 단추를 잘 끼워야 한다.

〈법률신문 2006. 6. 26〉

검사의 공익적 지위로서의 피고인 구제

최근 어느 검찰청에서 "검찰이 피고인 구제에 나섰다"는 제하의 기사를 접했다(2010. 6. 21.자 법률신문). "검사는 실체적 진실 발견뿐만 아니라 피고인에게 유리한 증거 및 정상자료를 제출해야 할 객관의무가 있다"는 검찰의 언급을 인용하며 한 사례를 소개하는 내용이다.

영미법의 영향으로 당사자의 역할이 점점 더 중시되어 가는 형사소송의 구조면에서 볼 때 검사가 상대방 당사자의 구제에 나섰다는 것은 일견 부자연스러워 보일 수도 있다. 하지만 피고인의 권리를 옹호할 수 있다는 면에서는 다행한 일이다. 과거 한 사건에서 검사가 진범이 아니라는 명백한 증거를 확보하고도 이를 법원에 알리지 않아 억울하게 구금상태에 놓이게 된 피고인도 있었음을 상기해 볼 때 이번 사례는 현실의 형사절차에서 흔치 않은 일로 받아들여진다.

검찰의 이러한 언급 이전에 이미 검찰청법은 검사의 공익의 대표자로서의 지위를 명기하고 있다. 그렇게 볼 때 지금까지 이 규정이 명목상의 역할에 그쳤음을 알 수 있다. 검사의 소송법상 지위를 논할 때는 공익의 대표자로서의 역할을 강조하는 반면에 실제의 소송절차에서는 이를 외면한 채 사실상 소송의 한 당사자로서 일관하는 서로 상반된 모습을 보여왔다고 할 수 있다.

이런 면에서 이 사례는 검사의 공익적 기능이 소송법상 지위인가의 여부를 떠나서 실정법상 당연한 것을 뒤늦게나마 인식하거나 환기시킨 데 그 의의가 있다. 사정이 이러함에도 불구하고 이 조항은 그동안 소송구조와의 관련 논의에 밀려 정작 법의 실효성 문제는 전혀 제기되지 않았고 오히려 그것이 당연시되어 온 감이 있다.

이러한 현상은 지금까지 독일을 위시한 대륙법계의 영향으로 실체적 진실주의를 지선至善으로 여겨오다시피 한 우리 형사절차에서 보면 당연한 것일지도 모른다. 하지만 실체적 진실은 죄 지은 자를 반드시 벌한다는 적극적 의미와, 죄 없는 자는 구제한다는 소극적 의미를 동시에 내포하고 있다. 그동안 우리 형사사법의 운용은 그 적극적인 면에 치우친 감이 있다. 진실로 실체적 진실 발견의 이념에 충실하려면 죄 있는 자는 엄벌하고 죄 없는 자는 즉시 형사절차에서 벗어나게 하는 것이어야 한다. 이는 검사가 기소 이후에도 단순한 소송의 한 당사자의 역할에 그칠 것이 아니라 무죄의 의심이 있으면 과감하게 공소를 취소하는 용기가 필요함을 의미한다.

이러한 면에서 검찰청법상의 검사의 공익적 지위는 적극적 실체진실의 원리가 처벌 일변도의 편면적인 사회정의와 결합되어 검사의 소송법상 지위를 공고히 해 주는 우아한 버팀목의 역할에 그쳤다고 볼 수 있다. 검사는 한 사람의 범죄혐의자라도 더 처벌하는 데 치중하여 왔고, 이를 위하여 유리한 증거는 적극적으로 법원에 제출하고 그렇지 않은 것은 소극적으로 일관해 왔음을 부인할 수 없다. 결국 이러한 직무수행 행태가 2000년에 접어들면서 공판중심주의라는 크게 새로울 것까지는 없는 원리를 마치 우리 형사절차 개혁의 처음이며 끝인 것처럼 인식되어 오게 한 하나의 원인을 제공하였다고도 볼 수 있다.

이번 사례의 경우 그 진행과정을 살펴보면 설령 검사가 상소를 제기함이 없이 그대로 형이 확정되더라도 결국 피고인에 의하여 재심절차에서 번복당할 가능성이 높아 보인다. 이렇게 볼 때 피고인 구제에 있어서 실로 중요한 것은 수사절차에서도 그 이익되는 진술을 적극적으로 받아들이는 자세이다. 형사절차가 유죄의 심증을 형성해 나가는 것만이어서는 안 된다는 것이다.

나아가 공판절차에서도 기소과정에서 예상치 못한 것으로서 피고인에게 유리한 증거가 발견되면 검사에게는 이를 법원에 적극적으로 제출하는 등의 방법으로 피고인의 권리를 옹호하는 태도가 요구된다. 이야말로 검찰청법이 예정하고 있는 검사의 공익적 지위를 실현하는 것이기도 하다.

유의할 점은 피고인의 권리 옹호를 기한다는 것이 자칫 검사의 소송법상 객관의무라는 지위옹호의 한 수단으로 변질되면 안 된다는 것이다. 독일 형사절차와 달리 검사의 소송법상 지위로서의 객관의무에 대한 명문의 규정이 없는 우리의 경우 이를 당연히 서로 연결짓는 것이 자칫 또다른 도그마로 흐르지는 않을까 하는 우려에서이다. 어쨌든 이번 사례와 같은 적극적 자세가 검찰조직 전체로 전파되어 한층 더 높은 형사절차의 근대성을 기약하는 계기가 되었으면 한다.

〈법률신문 2010. 7. 12〉

전과기록의 말소, 이대로 타당한가

2006년 7월 30일부터 개정된 「형의 실효 등에 관한 법률」(이하 개정법)이 시행되고 있다. 개정법은 재범을 하지 않은 범죄전력자에 대하여 일정기간이 경과하면 형이 실효되게 함으로써 정상적인 사회생활의 복귀를 돕는다는 차원에서 그 존재 자체만으로도 충분히 의의는 있다.

개정법이 검사의 불기소처분이나 법원의 무죄·면소 또는 공소기각 판결 등을 내용으로 하는 수사경력자료에 대하여 별도로 신설규정을 둔 점에서는 특기할 만하다. 잘 알다시피 수사경력자료의 규정은 그동안 전과자를 양산量産한다는 지적에 따라 국민의 인권침해 방지를 위하여 2002년 12월 5일 신설되었던 규정이다. 당시의 법에 의하면 위와 같은 불기소처분 등의 사유가 있는 경우 그 처분 또는 결정이 있거나 판결이 선고된 날부터 5년이 경과한 때에는 전산입력된 수사경력자료의 해당 사항을 삭제하도록 하고 있었다.

이로써 불기소처분 등이 있은 경우 일정기간이 경과하면 더 이상 수사기관의 전산망에 나타나지 않게 되었다. 억울하게 형사절차에 연루된 사람들이 더 이상 '주홍글씨 A'[3]의 악몽에 시달리지 않게 된 것이다. 엄밀한 의미에서 수사경력자료는 전과기록이라기보다는 단순히 수사를 받은 사실 그 자체라고 할 수 있다. 따라서 개정 전의 법에 의하더라도 이러한 수사경력자료를 5년 동안이나 보관케 하여 이후에 혹시 있을지도 모를 수사활동 등에 참고하도록 한 것이 타당한지에 대하여는 의문이 있었던 것이 사실이다.

문제는 개정법이 해당 범죄사실의 법정형을 기준으로 수사경력자료의 보존기간을 달리하고 있다는 점이다. 개정 전 법률은 혐의없음 처분을 받거나 무죄를 선고받은 사람이 5년을 경과하면 법정형이 500만원 이하의 벌금인 도박죄이건 사형인 여적죄[4] 이건 문제삼지 않았다. 이에 대하여 개정법은 법정형이 장기 10년 이상의 징역·금고형 이상에 해당하는 죄는 10년, 장기 2년 이상의 징역·금고 등에 해당하는 죄 및 장기 2년 미만의 징역·금고 등에 대한 기소유예 처분 및 법원의 무죄판결 등에 대하여는 5

년, 장기 2년 미만의 징역·금고, 자격상실·자격정지, 벌금, 구류 또는 과료에 해당하는 죄는 수사경력자료를 즉시 삭제케 하고 있다.

개정법은 경미한 법정형에 해당하는 범죄 유형에 대하여는 수사경력자료를 즉시 삭제케 함으로써 일견 인권을 고려한 것으로 보인다. 그러나 이는 형법상 법정형에서도 마찬가지이지만 형법범의 발생현황에 비추어 보면 사실과 다르다는 것이 확연히 드러난다.

대검찰청 발행의 「범죄분석」에 의하면 2005년 한 해 동안 발생한 형법범 총 825,840명 중 법정형이 장기 10년 이상의 금고에 해당하는 경우가 257,575명으로 전체의 31.2%로 나타난다. 얼마간의 오차를 감안하더라도 30%에 달하고 있다. 반면에 2년 미만인 경우는 10,260명으로 전체의 1.2% 수준에 불과함을 볼 수 있다. 여기에 법정형 장기 2년 미만의 징역·금고 등에 대한 기소유예 처분이나 법원의 무죄 판결 등에 대하여는 5년간 보존함을 고려하면 즉시 삭제하는 경우가 훨씬 줄어들게 된다. 실제로 위 같은 해 동안 순수하게 불기소처분된 형법범 462,206명 중 기소유예 처분이 177,882명으로 전체의 38.5%를 차지하고 있는 것은 이러한 사실을 뒷받침해 주고 있다.

결과적으로 5년만 경과하면 기소유예를 포함하여 일률적으로 삭제되던 개정 전에 비하여 수사경력자료의 보존기간이 오히려 늘어나게 된 것이다. 이로써 개정법이 인권을 많이 고려했다고 말하는 것에는 동의하기 어렵다. 우리의 사법기관이 아직도 인권보다는 업무편의를 지향하는 과거의 낡은 사고에서 벗어나지 못하고 있음을 알 수 있다.

이렇듯 실상을 알고 보면 개정법은 인권신장에 기여한 것이 아니라 오히려 인권의 후퇴로 표현될 수 있다. 자유인권국가로의 진일보를 위해서는 혐의없음으로 불기소처분을 받거나 무죄판결을 받은 사람들에 대하여 즉시 기록을 말소하고 주홍글씨의 흔적을 완전히 없애야 한다. 무고한 자에 대하여 100% 흠결 없는 시민으로 복귀시키는 것이 국가기관의 책무이자 자유법치주의 국가의 이념과도 일치하는 것이다.

〈법률신문 2007. 5. 14〉

교정시설의 과밀수용 실태 더는 두고 볼 수 없다

지난해 12월 29일 헌법재판소에서 재소자 인권에 대한 기억될 만한 한 결정이 있었다. 노역장 유치 집행으로 구치소에 수용되었던 청구인이 헌법재판소에 제기한 구치소 내 과밀수용행위 위헌확인청구를 인용한 사건이다.

혼거실의 수용기준 면적에 대한 법무부 지침은 1인당 2.58㎡이다. 하지만 기준면적에 미치지 못하는 시설인 1.79㎡ 및 1.49㎡ 등의 수용인원이 1만명을 훨씬 웃도는 것으로 알려지고 있다. 헌법재판소 결정문에 따라 가장 좁은 1.49㎡ 크기의 시설을 개인사용 가능면적으로 환산하면 1.06㎡에 불과하다. 이를 우리나라 성인남성 평균신장인 174㎝를 적용하여 달리 표현하면 세로 1.74m, 가로 0.61m 크기의 면적이다. 이러한 현실에서 키가 큰 성인남성의 경우 발을 다 뻗지 못하고 다른 수용자들과 부딪치지 않기 위하여 모로 누워 칼잠을 자야 할 정도라는 것이다.

이것이 사실이라면 정말 경악을 금치 못할 일이다. 겉으로는 선진교정을 부르짖어 왔지만 정작 시설면에서는 후진성을 면치 못하고 있음이 드러난 것이다. 교정시설의 부족으로 대용감방[5]을 운영하고 있음에 비추어 기결수에 있어서도 사정은 크게 달라 보이지 않는다. 이러한 현실은 당초에 혼거실의 수용기준 면적에 있어서도 국제적십자의 3.4㎡, 미국의 3.7㎡, 영국의 4.9㎡, 독일의 7㎡에 크게 미달한 수준이다.

이러한 과밀수용 문제를 어떻게 해결할 것인가?

첫째, 법원과 검찰청사를 신설할 때 구치소도 함께 신설하는 방안이다. 범죄 발생 현황에 비추어 볼 때 미결수용자의 과밀 현상은 주로 서울을 비롯한 대도시에서 문제되고 있다. 따라서 우선 대도시에서만이라도 일본과 같이 법원·검찰청사와 병행하여 신설하는 법조타운을 적극적으로 검토할 필요가 있다. 이는 피의자호송에 따른 계호·인권 문제나 님비NIMBY 현상을 일거에 해결하는 데도 도움이 될 것이다.

둘째, 불구속 수사·재판을 확대하는 것이다. 공식통계에 따르면 2015년 말 현재 구속기소 인원수는 2만 8,895명으로 전체 범죄발생건수 202만 731건 대비 1.4%를 나타내고 있다. 단순 수치로 보면 10년 전의 2.5%에 비하여 많이 개선된 것이 사실이다. 하지만 과거 구속 위주의 수사관행을 감안하면 반드시 그렇게 볼 것도 아니다. 구속은 수사·재판의 원활을 기하기 위한 방편일 뿐 유죄 자체가 아니다. 따라서 구속사유를 엄격하게 판단하여 불구속 수사·재판을 확대하는 것이 필요하다. 죄가 중대하면 일단 구속하고 보는 수사관행에서 벗어나 도주 우려나 증거인멸 우려라는 순수한 구속사유에 의하여 구속 여부를 판단하라는 것이다.

셋째, 법원의 단기 자유형[6] 선고를 줄여나가는 것이다. 2017년 1월 현재 전국 교정시설에 수용되어 있는 6월 미만의 자유형 수용자는 1,700여 명으로 전체 수형자의 5% 수준인 것으로 알려지고 있다. 단기 자유형에 대하여는 '죄수의 개선을 위해서는 너무나 짧은 기간이지만 그를 부패시키는 데는 충분한 기간'이라는 뽀레스따의 말에서 보듯이 일찍부터 그 효용성에 의문이 제기되어 왔다. 따라서 가능한 한 이를 벌금형으로 대체하거나 집행유예와 동시에 보호관찰을 부과하는 방안 등의 대체형벌을 이용하여 그 폐해 및 과밀수용 문제를 동시에 해결하는 것도 바람직해 보인다.

이 외에도 여러 방안이 있을 수 있겠지만 여기서 언급한 것들은 현실적으로 과밀 해소 대책으로 효율성 및 실현 가능성이 높은 것들이다. 과밀수용 문제는 특히 헌법상 무죄추정의 지배를 받는 미결수용자의 인권을 심각하게 침해한다는 점에서 교정당국이 시급히 해결해야 할 문제이다. 이 문제는 검찰, 법원과도 밀접하게 관련되어 있는 만큼 세 기관이 머리를 맞대고 대책을 강구하는 것이 필요하다. 과밀수용 문제는 더 이상 교정기관 만의 문제가 아니다.

〈법률신문 2017. 2. 6〉

수사경력자는 전과자가 아니다

정부가 발표했던 27조원 규모의 소멸시효 완성채권이 소각됨으로써 무려 140만 명에 달하는 채무자의 연체기록이 사라져 정상적인 금융거래를 할 수 있게 된 것으로 알려졌다. 이 사업의 바탕에는 "소멸시효가 지나면 끝이지, 왜 시효를 연장해 가면서까지 채권추심에 시달려야 하느냐"라는 의식이 짙게 깔려있다. 도덕적 해이에 대한 논란의 여지가 없는 것은 아니지만, 그 대상이 소액에 상환능력이 없는 빈곤층이라는 데서 정부의 충심을 믿고 싶다.

조금 차원을 달리하는 것이긴 하지만, '소멸'이라는 점에 착안해 볼 때 형벌의 영역인 전과기록 관리에서도 이와 유사하게 청산해야 할 적폐가 발견된다. 전과기록은 「형의 실효 등에 관한 법률」(이하 법)이 관리하고 있는데, 이 법의 목적은 전과자의 정상적인 사회복귀를 돕는 데 있다.

하지만 법의 취지와 달리 인권에 역행하는 규정이 아직도 버젓이 버티고 있음이 눈에 띈다. 무혐의자나 무죄자 등의 수사경력 정보를 일정기간 관리하는 것이 그것이다. 그나마 간통죄 폐지 이후 한동안 잊고 지내던 '한 번 전과자면 영원한 전과자'라는 소설 '주홍글씨'의 흔적을 다시금 떠올리게 한다.

법은 수사경력자와 범죄경력자를 분명하게 구분하고 있다. 피의자 신분으로 경찰서에 다녀온 경험이 있는 자에 대한 '수사경력자료'는 벌금 미만의 형의 선고 및 검사의 불기소처분에 관한 자료를 말한다. 즉 수사기관에 입건되었다가 아무런 범죄혐의가 없음이 드러난 사람에 대한 자료이다. 한편 '범죄경력자료'는 벌금형 이상을 받은 사람에 대한 자료로 법적인 의미에서의 전과자는 이를 말한다.

사법기관에 의하여 죄 없음이 밝혀졌는데도 단지 입건 전력을 이유로 들어 '수사경력자료'라는 형태로 일정기간 관리되고 있음은 결코 가벼이 넘길 사안이 아니다. 전과자가 아님에도 불구하고 전과자와 마찬가지로 취급받고 있어 향후 유사한 범죄혐의를 받을 때 마치 상습범처럼 취급받기 일쑤이다.

수사경력자료의 대상 중 문제가 되는 것으로는 검사의 불기소 처분인 혐의없음, 공소권없음 및 죄가안됨 처분과 법원의 재판인 무죄판결, 면소판결 및 공소기각의 결정·판결이 있다. 이들에 대한 관리기간을 보면 법정형이 사형, 무기징역, 무기금고, 장기 10년 이상의 징역·금고에 해당하는 죄는 10년, 법정형이 장기 2년 이상의 징역·금고에 해당하는 죄는 5년이 지나면 비로소 각각 삭제하도록 하고 있다. 또한 법정형이 장기 2년 미만의 징역·금고, 자격상실, 자격정지, 벌금, 구류 또는 과료에 해당하는 죄는 즉시 삭제하도록 하되, 다만 법원의 무죄·면소·공소기각판결은 5년간 보존 후 삭제토록 하고 있다.

국가가 수사나 재판에 참고하기 위하여 개인의 전과前科가 아닌 전력前歷을 관리하는 것은 용납될 수 없으며 용납되어서도 안 된다. 무혐의나 무죄는 범죄혐의로부터 완전히 벗어나 범죄 이전의 상태로 되돌아감을 뜻한다.

그럼에도 불구하고 단순한 입건자에 불과한 시민을 마치 전과자처럼 취급하여 일정기간 관리한다는 것은 지나친 사법기관 편의주의 발상이다. '콩 심은 데 콩 날 것'이라는 선입견으로 입건 전력자를 잠재적 범죄자로 취급하는 것과 다름없다.

문제는 대부분의 국민들은 이처럼 자신의 정보가 국가에 의하여 오용되고 있음을 알지 못한다는 사실이다. 그러한 데는 법 규정 형식이 은밀하고 체계가 복잡하게 되어 있는 것도 한몫한다. 이야말로 헌법이 정하는 무죄추정 원칙에 대한 심각한 도전이며 개인의 프라이버시에 대한 중대한 침해행위라고 할 수 있다. 앞에서는 인권 보장을 부르짖으면서 뒤에서는 이를 거스르는 국가의 민낯을 드러낸다.

진정 국민의 인권을 생각한다면 하루빨리 해당 조항을 과감히 삭제함이 마땅하다. 죄 없는 사람이 더 이상 수사기관 컴퓨터 자판의 조롱거리로 전락하지 않게 말이다.

〈이투데이 2017. 9. 13〉

증거로 풀어내는 인권

계몽시대의 자연법사상에서 인권은 하늘이 부여한 것으로 이해되었다. 신神의 영역에 속하는 것이라 인간이 함부로 다루어서는 안 된다는 의미일 것이다. 이런 인권개념은 인간의 존재의미와도 관련을 가진다. 그것은 시공時空을 초월한 개념이다. 이는 인간이 혹은 국가권력이 개인을 어떻게 예우해야 하는지를 알게 해 준다. 우리 헌법을 지배하는 인간의 존엄성 조항도 여기에 뿌리를 두고 있음은 물론이다.

우리 사회에서 인권문제를 거론하면 검찰, 경찰 등의 수사기관을 떠올리기 십상이다. 형사절차는 압수·수색, 체포·구속과 같은 강제처분이 뒤따르는 경우가 많기 때문일 것이다. 일반 행정절차와 달리 사법행정절차에서 인권문제가 중요하게 대두되는 이유 또한 여기에 있다. 그래서 입법자도 사법기관의 자의恣意를 배제하기 위하여 강제처분 요건을 법으로 엄격히 규정짓고 있다.

우리 헌법을 보면 형사소송법과 구별이 안 될 정도로 유사한 조항이 있음을 쉽게 볼 수 있다. 이는 인권에 관한 한 법률의 사각지대를 헌법으로 직접 메우겠다는 주권자의 결단이 배어 있음으로 이해된다. 특히 신체의 자유 속에서 적법절차를 규정하고 있는데서 그동안 신체의 자유가 얼마나 유린되어 왔는지 알 수 있다. 고故 박종철군 고문치사 사건의 현장을 교훈사료로 보존하고 있는 서울 남영동의 경찰인권센터에 가면 그리 오래지 않은 지난 시대의 암울한 모습을 여과 없이 보고 느낄 수 있다.[7]

이 때문에 형사재판은 엄격한 증거재판주의를 취하고 있다. 형사소송법이 "사실의 인정은 증거에 의하여야 한다"고 하면서, "범죄사실의 인정은 합리적 의심이 없는 정도의 증명에 이르러야 한다"고 하는 이 두 개의 조항이 형사소송을 지배하는 핵이다. 모든 형사소송은 증거(수집)에서 출발하여 증거(판단)로 끝을 맺는다고 할 수 있다.

그 결과 형사소송의 모든 것이 증거로 모아진다. 형사절차에서 증거의 지위를 이해하면 형사소송을 꿰뚫었다고 봐도 될 것이다. 인신구속이라는 강제수사 과정에서 볼 수 있는 구속영장의 신청(혹은 청구)이나 영장의 발부 등에 있어서도 일반인의 관심도와 달리 구속 그 자체가 목적은 아니다. 이것도 재판을 위한 증거 수집의 한 수단에 불과할 따름이다.

신체구속을 통하여 도주나 증거인멸을 차단한 상태에서 증거수집을 원활히 하기 위한 것이다. 그렇게 보면 구속이라는 것도 신체의 자유를 억압한다는 문제는 차치하고 그 자체가 유죄를 의미하는 것은 아니다. 유죄판결이 확정될 때까지는 여전히 무죄로 추정된다.

증거에는 두 가지 중요한 개념이 있다. 증거능력과 증명력이 그것이다. 앞의 것은 증거로 사용할 수 있을 것인가 하는 증거의 자격을 의미하고, 뒤의 것은 사건의 유죄를 증명할 수 있을 정도로 증거의 가치가 있는가 하는 것을 의미한다.

증거능력은 증거판단의 출발점이라는 점에서 매우 중요하다. 따라서 이를 법관의 판단에 맡겨놓지 않고 법에서 엄격하게 규정하고 있다. 형사소송법상 증거수집의 일반원칙인 위법수집증거배제법칙과 그 구체적 구현원칙으로서의 자백배제법칙 및 전문증거배제법칙 등에 관한 법 규정이 그것이다.

증명력은 증거능력이 있은 다음에 비로소 문제된다. 증거능력 있는 증거를 대상으로 그 가치가 결정되는 것이다. 증명력에 있어서 형사소송법은 유죄판결을 위해서는 '합리적 의심이 없는 정도의 증명'을 요구하고 있다. 이러한 정도의 증명을 계량화하기란 쉽지 않지만, 그 본고장인 영미의 예에 비추어 대체로 90-95%의 증거가치를 의미한다고 보면 될 것 같다. 고도의 개연성high probability으로 표현되기도 하는 증거의 가치판단은 법관의 합리적 이성을 신뢰하여 그의 자유로운 심증에 맡기고 있다.

여기서 수사절차에서 증거와 인권의 관련성 문제를 살펴본다. 형사소송이 증거재판주의를 취한다면 수사절차의 모든 것은 특정 사건에서 유죄 인정을 위한 가치 있는 증거(증명력)를 어떤 방법으로 수집하느냐(증거능력)에 있다. 수사절차에서 인권문제는 바로 이 증거수집의 방법에서 나온다. 그 방법이 적법한가 혹은 위법한가에 따라 증거자격이 결정된다.

이렇듯 수사절차에서의 인권은 증거수집 절차에서의 방법 문제이다. 거기에 인권의 문제가 다 들어있다. 인적 증거수집을 위한 범죄혐의자 체포시의 미란다원칙 고지, 서류증거 수집을 위한 피의자신문시 진술거부권 고지 및 임의적 진술 확보, 물적 증거 수집을 위한 영장에 의한 압수·수색 원칙 등이 인권의 법적 보장책이다. 따라서 이들에 대한 일상화된 준수의식이 곧 수사기관의 인권감수성이다. 결국 적법절차를 지키는 것이 인권을 지키는 길이다.

이와 같이 수사절차에서 인권은 멀리 있는 것도 아닐 뿐만 아니라 모호한 개념도 아니다. 경찰이나 검찰에서 일상적으로 행하고 있는 평범한 업무 속에 모두 들어있다. 형사소송의 규정만 제대로 이해하고 잘 지키면 인권침해의 문제는 생길 여지가 없다. 물론 수사활동과 같은 강제력이 수반되는 준사법적 행정의 영역에서는 합목적성 이념이 강하게 지배하므로 태생적 한계가 있음은 이해한다.

하지만 중요한 것은 아무리 형사절차의 합목적성 이념이 강하게 지배한다고 하여도 자연적 정의natural justice 이념을 뛰어넘을 수는 없다는 사실이다. 법의 영역에서 정의라는 눈에 보이지 않으나 매력적인 이념은 인간 본래의 모습이자 존재의의를 설명해주는 무엇과도 바꿀 수 없는 것이라 여기기 때문이다. 이는 지나친 목표달성주의에 치우친 합목적성 이념이 인권침해를 결코 정당화해 줄 수는 없음을 말해준다.

오늘날 인권문제는 시대의 추세를 넘어서 문명국가의 척도로까지 되었다. 불과 얼마 전까지 우리에게도 권위주의에 갇혀 개인의 인권이 경시되던 때가 있었고 아직도 그 잔재가 남아 있다. 하지만 인권문제에 있어서 만큼은 성과나 결과가 절차를 결코 덮을 수 없음을 알아야 한다.

인권은 시대와 장소를 가리지 않는 지고至高의 가치다. 그래서 어느 위대한 인권운동가의 말을 빌려서 이렇게 말하고 싶다. "나에게는 믿음이 있다. 우리 사법기관이 전향적 태도로 인권을 선도해 나가리라는 그런 믿음이 있다"고 말이다.

〈법률신문 2019. 6. 13〉

구속에 목매는 사회,
사람이 목매는 사회

수사기관에서의 구속이 세간의 관심을 끌고 있다. 세월호 사건, 박근혜 전 대통령의 국정농단 사건, 이명박 전 대통령의 횡령 및 뇌물수수 사건, 양승태 전 대법원장의 사법농단 사건, 조국 전 법무부 장관 일가 사건을 거치면서 시민들에게도 이제는 구속이 일상사처럼 되어 버렸다.

문제는 우리 사회에서 구속은 인생 추락의 서막으로 비친다는 점이다. 구속이 재판에서 유죄선고로 이어지면서 마치 형벌과도 같이 여겨져 온 오랜 사회인식 때문일 것이다. 사법연감에 따르면 지난해 제1심 형사공판 사건의 무죄율은 3.6%로 나타나고 있다. 검사가 기소하면 대부분 유죄판결이 선고됨을 알 수 있다. 달리 말하면 검찰의 영향력이 그만큼 크다는 것을 말해준다.

형사소송법은 불구속 수사·재판원칙을 분명히 하고 있다. 그럼에도 불구하고 수사기관은 구속수사에 대한 집착이 유달리 강해 보인다. 이에 대하여는 법 집행의 목적 달성에 치중한 합목적성 이념이 지배하는 행정기관의 태생적 한계 정도로 치부하고 넘어갈 수도 있다. 그렇지만 구속이 수반되어야 모양 나는 수사, 성공한 수사로 평가받는 현실과도 무관치 않아 보이는 것이 문제다.

다 좋다. 하지만 분명히 짚고 넘어가야 할 것이 있다. 구속이 무엇인가에 대하여서다. 구속은 유죄가 아닐 뿐만 아니라 형벌은 더더욱 아니다. 그것은 그 자체가 목적이 아니라 수사와 재판을 원활하게 하기 위한 수단에 불과하다. 이는 '도주 또는 도주 염려', '증거인멸 염려'라는 구속의 사유를 보면 한결 뚜렷해진다.

과거 법에는 없었으나 사실상 구속을 좌우해 온 것으로 '범죄의 중대성'이라는 것이 있다. 범죄가 중하면 도주 우려가 높고 증거인멸의 우려도 높다는 데서 비롯된 것이리라. 이 법에도 없던 사실상 만능 구속사유는 비판을 받아오다가 현행법에서 구속사유 판단의 한 고려요소로서 도입되었다. 잘못된 관행을 양성화시켜 구속사유를 판단하는 부수적인 요소로 못박아 놓은 것으로도 일면 이해가 가능하다.

이렇듯 구속이라는 수단이 형벌과도 같이 여겨져 온 것에서 수사기관이 구속에 목매 온 까닭을 짐작해 볼 수 있다. 나아가 구속기간은 피고인이 실형인 자유형을 받을 때 형기에 산입되고 있다. 이를 두고 구속이 형벌의 성격을 띠는 것이라고 함부로 말해서는 안 된다. 강제력이 수반되는 형사소송은 그 바탕에 약자인 피고인 우선의 가치가 흐르고 있기 때문이다.

그럼에도 불구하고 검사가 공소를 제기할 때 '구속기소'니 '불구속기소'니 하는 말이 고민 없이 오랫동안 사용되고 있다. 구속의 의미 및 공판중심주의를 제대로 이해한다면 이럴 수는 없다. 대신에 공개된 재판 형태인 공판을 청구한다는 의디에서 '공판기소'가, 공개된 재판이 생략된 약식형태의 재판을 청구한다는 의미에서 '약식기소'라는 말이 더 잘 어울린다. 공소제기 이후의 재판 형태에 겯점을 둔다면 이것이 정확한 표현이며 또한 공판중심주의와도 일치한다.

구속에 목매는 사회를 더 이상 내버려 둘 수 없고 두어서도 안 된다. 이제 수사기관도 문명사회에 걸맞게 피의자를 불구속한 상태에서 증거를 수집하는 청렴문화를 형성해 나가야 한다. 일단 구속부터 해 놓고 궁박한 심리를 이용하여 증거를 수집하려는 과거의 잘못된 습성에서 벗어나야 한다.

이러한 데는 과거 이를 묵인해 온 법원의 잘못도 크다고 생각된다. 향후 법원의 역할이 중요하게 부각되는 이유다. 영장재판의 주체인 법원이 바로서면 수사기관이 바로설 수밖에 없기 때문이다. 피의자 인권의 마지막 울타리 역할을 위해 이제 법원이 적극적으로 나서야 할 때다.

가까운 시일에 언론에서 "경찰, 피의자에 대하여 불구속 상태로 수사 진행. 검사, 피의자를 공판기소. 법원, 판결선고 기일에 범죄의 중대성으로 피고인에게 징역의 실형 선고와 동시에 법정구속"이라는 내용으로 보도되는 것을 보고 싶다.

순순히 자백하는 착한 피의자와 피고인을 예상한 지나친 이상론으로 보일 수도 있다. 중요한 것은 혐의가 중하다는 이유만으로 구속할 수도 없고 구속해서도 안 된다는 사실이다. 범죄행위가 중하면 법원이 재판에서 실형을 선고하는 방법으로 반영하는 것이 바람직하다. 구속에 목매다가 자칫 사람이 목매는 사회가 될까 봐 두렵다.

〈법률신문 2019. 9. 19〉

진술 거부는 잘못인가

“당신은 진술을 하지 않을 권리가 있습니다”. 진술거부권 고지의 모습이다. 이 권리는 묵비권으로 더 잘 알려져 있는 헌법이 보장하는 원칙이다.

1966년 미연방대법원에서 18세 소녀 납치·강간혐의를 받던 중학교 중퇴의 미란다A. Miranda 피고인은 진술과정에서 변호인의 도움을 받지 못하였음과 진술거부권이 침해되었다며 무죄를 주장하였다. 연방대법원이 이를 받아들여 원심의 유죄판결을 파기하면서 이 권리가 미란다원칙으로 불려 왔다. 아이젠하워 대통령이 판결을 이끈 워런E. Warren 대법원장 임명을 최대의 실수였다고 할 정도로 판결의 파장은 컸다.

최근 들어 유력인사들의 수사기관에서의 진술거부 행위가 부쩍 늘고 있다. 임종헌 전 법원행정처 차장이 그렇고 조국 전 법무부 장관의 경우도 그렇다. 이에 대하여는 피의자가 수사기관에 대항할 강력한 권리라고 하거나 혹은 고위공직자였던 자로서 부도덕한 행위라는 등으로 의견이 엇갈리고 있다.

헌법이 보장하는 권리의 행사에 윤리도덕이 고려되어야 한다는 말을 들은 적이 없다. 피의자인권을 처우하여 도덕을 실현하려는 마당에 피의자에게 윤리도덕을 요구하는 것은 본말이 전도된 느낌을 준다.

헌법에 진술거부권을 두고 있음은 이를 피의자의 기본적 권리로 확인코자 함이다. 이 권리는 형사소송법을 통하여 수사기관에 고지의무를 지우는 방법으로 구현되고 있다. 그 내용은 진술을 하지 않을 수 있으며, 진술을 거부하더라도 불이익을 받지 않으며, 권리를 포기하고 행한 진술은 유죄의 증거로 사용될 수 있으며, 변호인의 도움을 받을 수 있다는 것이다.

우리에게 진술거부권은 무엇인가? 이는 이 권리를 행사하여도 불이익이 없는가의 문제로 귀결된다. 피의자가 진술을 거부하면 구속 여부 및 재판에서 불리하게 작용할 수도 있다는 일부의 시각은 여전히 현실 사법이 법 위에 군림하고 있음을 말해준다. 중요한 것은 진술거부권을 고지하지 않은 상태에서 작성된 피의자신문조서는 증거로 사용할 수 없다는 사실이다.

강제처분으로 인하여 피고인의 인권이 침해되기 쉬운 형사소송에서 입증책임은 검사가 지도록 되어 있다. 공소를 제기한 자가 유죄의 입증을 하라는 것이다. 그럼에도 불구하고 진술을 거부하면 불이익을 주거나 줄 수도 있다는 식의 표현으로 진술을 강요한다면 기본권을 침해하는 것일 뿐만 아니라 피의자에게 무죄의 입증을 하라는 것과 다름없다.

지난 날 수사기관은 진술을 거부하면 불이익을 받을 수도 있는 것처럼 피의자를 겁박한 때가 있었다. 이러한 그릇된 관행이 진술을 거부하면 괘씸죄에 걸린다느니 하는 억측을 불러일으켰고 진술을 강요해 왔다. 하지만 법은 이렇게 얻어낸 진술을 증거로 사용하는 것을 더 이상 용납하지 않고 있다. 이것은 권리의 본질을 왜곡시키는 것으로 권리 자체를 고지하지 않은 것과 다를 바 없다.

분명한 것은 피의자가 수사기관의 신문과정에서 진술을 거부하더라도 아무런 불이익을 받지 않을 뿐만 아니라 불이익을 받는 일이 있어서도 안 된다는 사실이다. 이에 대하여 피의자의 진술이 없는 경우 사법정의를 어떻게 달성할 것인가를 문제삼는 일부의 시각이 있으나, 그것은 검사가 증거로서 입증해야 할 다른 차원의 문제다. 증거재판주의를 취하는 형사소송에서 증거가 있으면 검사는 공소를 제기할 수 있고 법관도 유죄판결을 선고할 수 있기 때문이다.

그러므로 수사기관은 피의자가 이 권리를 명확히 이해하도록 고지해야 한다. 또한 진술을 거부하더라도 불이익을 받지 않을 것이라는 확신을 주는 방법으로 고지해야 한다.

진술거부권이 새삼 세인들의 입에 오르내리는 것 자체를 이해할 수 없다. 미란다원칙의 한 내용을 이루는 이 권리는 이미 피의자인권의 상징으로 자리매김한 지 오래다. 현실적으로 피의자가 진술을 거부하는 경우는 많지 않아 보인다. 그렇지만 진술거부권은 헌법이 피의자에게 부여한 자기방어를 위한 최후의 강력한 수단이다. 이를 가로막을 어떤 장애요소도 존재하지 않으며 존재해서도 안 된다.

"당신은 진술을 하지 않더라도 불이익을 받지 않습니다." 이것이 진술거부권의 핵심이다.

〈내일신문 2019. 11. 28〉

칼의 노래가 난무하는 사회

"이 끝없는 전쟁은 결국은 무의미한 장난이며 이 세계도 마침내 무의미한 곳인가. 내 몸의 깊은 곳에서, 징징징, 칼이 울어대는 울음이 들리는 듯 했다. 나는 등판으로 식은땀을 흘렸다." 김훈 작가의 「칼의 노래」 초반부 일부를 퍼온 것이다. 임란을 일으킨 왜적은 무술년(1598) 노량 앞바다에서 칼의 울음소리가 밴 허무한 노랫말을 남기고 그렇게 물러났다.

무술년 다음이라 그런지 기해년인 올해도 사나운 칼의 노래가 끊임없이 울려 퍼졌다. 이런 힘겨운 시절에 민초들은 지치고 힘든 여정을 칼의 노래를 들으면서 한풀이라도 하고 싶은 마음일 수 있다. 그리고는 노랫말만 가지고 섣부른 평가를 내리기도 함을 본다. 정작 그 노래를 맛깔나고 구성지게 하는 연주에는 큰 관심이 없이 말이다.

국정농단에서 출발하여 사법농단, 조국 일가를 거쳐 유재수 감찰 무마 의혹 수사로 이어진 서초동발 칼의 노래가 여전히 드세다. 칼이 스칠 때마다 보기 드문 흥행이 계속되었다. 시민의 눈에는 우리 사회가 흡사 거대한 불합리의 온상같이 비친다.

최고 권력자 여럿을 칼끝에 거두는 검찰의 빼어난 솜씨에 관중들의 눈높이도 높아져 여간해서는 관심을 끌 수 없게 되었다. 더불어 이제는 더 이상 불구경, 싸움구경을 남의 일인 양 마냥 즐거워만 하는 그런 관중이 아니다. 관중들은 지금껏 학습효과로 관전 포인트가 무엇인지를 잘 알고 있고 칼끝의 지향점도 충분히 짐작할 수 있는 경지에까지 올랐다.

한편으로는 검찰의 예리한 칼날이 너무 빈번히 무대에 오르는 모습들에 겁나하면서도 식상해 하기 시작하였다. 사회의 곪은 부분을 그대로 내버려 두라는 것이 아니다. 다만 그 칼끝의 숨은 방향이 헷갈려서다. 검찰의 의도와 무관하게 자신의 안위를 위하여 칼을 휘두른다는 의구심을 떨칠 길 없기 때문이다.

법률직역은 결과에서 가치를 창출한다는 점에서 생산재라기보다는 소비재 영역에 가깝다. 그런 음陰의 재화를 두고 온 눈이 서초동으로 쏠리고 칼춤의 향방에 따라 경쟁하듯 내편 네편으로 갈리고 있다.

우리 사회 모든 분야의 자체 여과기능이 제대로 작동되지 못하고 시시비비를 검찰의 칼에 의존하고 있음을 본다. 심지어 예술작품의 진위까지도 그러한 데서는 할 말을 잃는다. 이런 기이한 현실에서 검찰은 만능자로서 역할을 요청받고 있다. 오죽했으면 검찰이 바로 서면 나라가 바로 선다는 전직 대통령의 말이 검찰의 선도적 역할론으로 회자되고 있겠는가.

이래서는 안 된다. 국민들은 눈앞의 소모적인 액션극에서 벗어나 생산적인 모습을 바란다. 이 추운 계절에 몸도 마음도 얼어붙었다. 따듯한 정이 돌고 밝은 앞날을 기약할 수 있는 평온한 공동체가 그립다.

지난 몇 달 동안 서초동에서는 서초동 연가가 메아리치고 광화문에서는 광화문 연가로 뒤덮였다. 또 최근에는 서초동에서도 두 갈래 서로 다른 연가戀歌가 불협화음을 엮어내고 있다. 평범한 시민들의 눈에는 이들 길거리 연가가 칼의 노래와 뒤섞여 혼란스럽기 이를 데 없다.

하루가 멀다 하고 울어대는 칼의 노래와 칼춤에 넌더리가 난다. 이제 그런 유의 노래라면 입에 담기도 싫고 그런 장단의 춤이라면 작은 춤사위도 펼치기 싫다. 국민이 쥐어준 칼이다. 흥행에 눈독 들이지 말고 절제된 겸손미를 갖추어 사용토록 해야 한다. 이순신 장군의 칼끝은 내부가 아니라 오로지 불법을 자행한 침략자를 향해 있었다.

〈경향신문 2019. 12. 11〉

주(註)

1. 독임제관청은 단독제관청이라고 하기도 하는데, 일반 행정기관과는 달리 검사 자신의 명의로 법률행위를 할 수 있음을 뜻한다. 예를 들어 검사가 법원에 공소를 제기하면서 공소장에 상급자 명의가 아닌 검사 개인의(단독) 명의로 표기하는 것이 그것이다. 일반 행정기관은 기관의 장(장관, 시장 등) 명의로 행정행위를 하게 된다.

2. 검사(檢事)는 검찰청 업무를 처리하는 원래의 공무원인 검사를 말하지만, 검사(劍士)는 단순한 칼잡이라는 뜻에서 이렇게 표현해 보았다.

3. 나다니엘 호손(Nathaniel Hawthorne)의 소설 「주홍글씨」에서 여주인공이 간통행위의 대가로 평생 가슴에 주홍글씨체로 새겨진 간통을 의미하는 adultery의 첫 자 A를 새긴 옷을 입고 다녀야 한다는 벌을 받게 된다. 범죄전과 또한 일생 남는다는 의미에서 평생 죄값을 치르는 '주홍글씨 A'에 빗대어 표현하곤 한다.

4. 여적죄(與敵罪)는 대한민국과 전쟁상태에 있는 적국과 합세하여 대한민국에 적대행위를 하는 죄를 말한다. 사형에 처하도록 되어 있다(형법 제93조).

5. 대용감방이란 구치소 시설의 부족으로 경찰서 유치장이 구치소 역할을 해 온 것을 말한다. 유치장을 감방으로 대신 사용한다는 뜻에서 대용감방이라고 일컬어 왔는데, 전문 교정기관이 아닌 관계로 계속하여 인권침해 논란이 있어 왔다. 최근 법무부가 경찰서 대용감방을 없애고, 2020년

상반기까지 그 안에 있는 미결수용자(판결이 확정되지 않은 수용자)를 정식의 교정시설로 옮기겠다고 밝히고 있다.

6. 단기자유형은 대체로 6개월 이하의 자유형을 말한다.

7. 서울 남영동의 경찰청인권센터는 군사정권 시절 경찰청의 전신인 치안본부 남영동 보안분실로서, 1987년 고 박종철 열사의 고문치사 사건이 발생했던 암울한 역사의 현장이다. 2005년부터 지금의 경찰청 인권센터로 바뀌었고 당시 박 열사 사건이 있었던 509호실은 박 열사에 대한 추모공간으로서 영정사진과 함께 그대로 보존되어 인권가치의 중요성을 일깨워 주고 있다. 박 열사 사건은 2017년 나온 영화 '1987'의 배경이 되기도 했다.

4

시민의 법률

‘국정원 사건’이 남긴 또 하나의 교훈

‘댓글사건’으로 세간을 떠들썩하게 했던 국가정보원 직원들의 선거개입 여부에 대한 검찰수사가 끝났다. 지난해 12월 경찰이 수사에 착수한 지 6개월여 만의 일이다. 알려진 대로 이 사건의 핵심은 정보부서의 최고책임자였던 원세훈 전 원장의 지시로 국정원 직원들이 조직적으로 선거에 개입했는가에 있다.

검찰은 이들이 선거 및 정치에 개입한 것으로 보고 공직선거법 등으로 원 전 원장에 대하여는 불구속으로 기소하고 그 외 직원들에 대하여는 기소유예하는 것으로 마무리했다. 법원의 최종판결을 기다려봐야 하겠지만 이로써 국정원도 선거개입 혐의로부터 완전히 자유롭지는 못하게 됐다.

이번 사건은 자유민주적 국가질서에 대한 중대한 도전이라는 그 본질을 떠나서도 우리에게 또 하나의 과제를 남겼다. 이제는 해묵은 과제가 된 검찰의 정치적 중립성 확보를 위한 실질적 대안의 모색이 그것이다. 특히 이 사건은 지난 해 검란檢亂[1]의 소용돌이를 딛고 새 정부의 검찰수장이 된 채동욱 총장의 검찰권 행사에 대한 첫 시험대이기도 하였다는 면에서 세간의 관심을 끌었다. 이에 채 총장 스스로도 결연한 태도로 수사에 임한 것으로 비쳐져 온 것이 사실이다.

그러나 황교안 법무부 장관이 선거법의 적용을 문제삼으면서 검찰수사는 새로운 국면을 맞이하게 됐다. 이후 문제는 그 핵심에서 벗어나 검찰의 중립성 시비 문제로 옮겨갔다. 검찰이 기존의 행태를 뿌리치는 결단을 보여주지 못하고 혼란된 모습을 보여줬기 때문이다.

이 사건을 관심 있게 바라보던 국민들도 검찰수사가 국정원의 정치개입을 차단시키는 동시에 검찰의 정치적 중립성을 지킬 수 있으리라는 일말의 기대를 가졌음직하다. 그런 것이 황 장관의 개입 이후 뚜렷한 이유 없이 공소제기가 미뤄지면서 검찰수사에 대하여 반신반의하면서도 그 진정성을 믿고 싶어하던 국민들에게 또다시 실망감만 안겨줬다.

형사절차는 강제력이 수반된다는 그 특성상 인권침해를 초래할 수도 있으므로 법 적용에 신중을 기하여야 한다는 것이 백번 옳다. 같은 맥락에서 수사와 재판은 불구속을 원칙으로 하여야 하는 데 대해서도 이론이 없다.

그러나 이 사건은 이를 둘러싸고 있는 정치적 이해관계에 미루어 볼 때 모종의 정치적 고려가 작용했을 수 있다는 점에서 문제의 중대성이 있다. 아무리 황 장관 본인은 법과 원칙에 따른 수사를 강조하였다지만 그것이 검찰수사에 대한 사실상의 지휘권 행사였음을 아는 사람은 다 안다. 결국 검찰도 태도를 바꾸어 고육지책으로 선거법을 적용은 하되 원 전 원장에 대해서만, 그리고 불구속기소하는 쪽으로 선회하는 타협안을 선택한 것으로 보인다.

이렇듯 국정원 댓글사건은 청와대 및 법무부가 검찰을 장악하고 있는 현행의 권력구조에서 검찰이 정치적 중립성을 지킨다는 것이 얼마나 어려운가를 또 한 차례 보여주었다. 이유야 어떻든 이 사건은 정치적 이해관계뿐만 아니라 자유민주적 기본질서에 관계된 것이라는 사안의 성격상 국민적 의혹을 받기에 충분한 것이다. 따라서 검찰은 그 처리과정에서 불편부당한 자세를 유지함과 동시에 성숙된 모습을 보여주었어야 하나, 애석하게도 그러질 못하고 또 짜맞추기 식의 수사 논란에 휩싸이고 말았다.

검찰수사에 대한 반복되는 허탈감에 국민의 눈이 여야가 올 상반기 내에 도입하기로 한 상설특검제로 쏠리고 있는 것은 지극히 자연스런 일이다. 법무부는 이미 사안별 특검제도안을 내놓고 있지만 크게 기대할 바가 없다는 것은 이미 지난 몇 차례의 특검 결과가 말해주고 있다. 짧은 시간에 특별검사의 적임자를 찾기도 어렵거니와 정략적 이해관계에 따른 수사 대상 및 기간의 제한으로 사실을 밝히는 데는 태생적 한계를 지닐 수밖에 없었던 것이다.

사정이 이러한데도 최근 열린 국회 사개특위 주최의 상설특검제 공청회에서는 아직도 제도의 실효성에 대한 갑론을박으로 논의가 진척되지 못한 채 끝나고 말았다. 그나마 6월 임시국회에서 상설특검법안이 가까스로 법사위에 상정된 것은 늦은 감이 있지만 다행한 일이다. 제도 도입의 실효성 여부에 대하여 더 이상 왈가왈부할 시간이 없다. 실효성의 문제는 그 내용을 어떻게 채우느냐에 따라 충분히 극복될 수 있는 문제인 만큼 향후 논의는 여기에 담을 재료 개발에 주안점을 두어야 한다.

이러한 생각에서 상설특검제 시행의 성공을 위한 대강의 방향을 제시하는 것으로 이 글을 끝내고자 한다.

첫째, 무엇보다도 그 활동에 있어서의 정치적 중립성이 철저히 보장될 수 있는 상설특검이어야 한다. 이를 위해 국회 차원에서 특검의 추천위원회를 구성하되 시민까지도 참여하도록 하는 것은 그 하나의 좋은 방법이 될 수 있을 것이다.

둘째, 수사 착수에 있어서 특별검사에게 인지권한을 부여하는 상설특검이어야 한다. 상설특검이 주로 함께 논의되고 있는 특별감찰관제와 연계되는 것은 부인할 수 없지만 그것만으로는 부족하고, 필요한 경우 특검 스스로 수사를 할 수 있는 권한을 부여해야 한다. 그렇지 않고 외부고발에만 의존하여 수사를 진행하게 한다면 상설의 의미가 퇴색되어 자칫 무늬만 상설인 특검이 될 공산이 크다.

셋째, 공소제기 여부를 기존의 검찰과 같이 그 재량에 맡길 것이 아니라 일정한 요건에 해당하면 반드시 기소를 의무지우는 상설특검이어야 한다. 이는 상설특검제 도입의 근본취지가 검찰의 정치권에 영합한 기소재량주의를 견제하는 데 있기 때문이다. 이러한 점에서 최근 참여연대가 서기호 의원을 통해 발의한 법안이 유사한 내용을 담고 있는 것으로 알려지고 있는데 눈여겨볼 만한 대목이다.

〈프레시안 2013. 6. 24〉

상고법원 아니면 대안이 없나

법조 주변이 상고법원 설치 문제로 시끌벅적하다. 상고심 사건의 폭주로 대법원이 별도의 상고법원을 설치해 정책법원 기능(대법원)과 권리구제 기능(상고법원)을 분리하겠다는 법안을 밀어붙이고 있어서다. 대법원 홈페이지에는 국민행복을 캐치프레이즈로 내세워 상고법원이 기정사실화된 것처럼 보인다. 대법원의 말대로 과연 상고법원 설치가 국민행복을 위한 변화의 몸짓인가는 따져 봐야 할 일이다.

이 문제는 어제오늘의 일이 아니다. 현행 사법체계가 정착되면서 죽 거론돼 오던 것이다. 그동안 대법원이 상고사건 해결을 위해 여러 제도를 시행해봤지만 모두 실험에 그쳤음을 지난 역사는 말해주고 있다. 그럼에도 불구하고 하책에 불과해 보이는 제도에 집착하는 데서 사건을 줄이거나 사실심을 충실히 하는 등의 근본적인 해결책 모색에 대한 의지 후퇴의 일단을 엿보게 한다.

상고사건 문제에 대해 대부분은 사실심 강화를 가장 이상적인 방안으로 꼽고 있다. 다만 이 방안은 어느 정도의 시간을 필요로 한다는 점에서 당장 그 성과를 내기 어려울 수 있다. 대법원이 상고법원 설치와 같은 손쉬운 제도의 유혹에 손을 내미는 이유도 이와 무관하지 않다.

하지만 불과 수개월 전 대법원 스스로 사실심 강화 방안을 내놓고서 이와 상반되는 상고법원 설치를 추진하는 것을 어떻게 이해하란 말인가. 최소한 어느 정도 그 결과를 지켜본 후 개선의 기미가 보이지 않으면 그때 다른 방책을 생각해도 늦지 않다. 혹 국민의 행복을 내세워 자신의 잇속을 챙기려 함은 아닌지 의구심이 드는 까닭이다.

특기할 만한 것은 우리의 경우 다른 국가에 비해 사건 수가 월등히 많다는 점이다. 형사사건의 예에서 보면 일본에 비해 무려 150배나 고소가 많은 것으로 알려져 있다. 일본의 몇 배에 달한다는 민사사건 또한 그 사정이 다르지 않다. 따라서 단순히 현재의 사건 수에만 매달려 대책을 마련하기보다는 근본적으로 사건 자체를 줄이는 방안을 강구하는 것이 중요하다. 실효성 있는 소송 남발 규제책을 다각도로 마련하되 대체적 분쟁 해결 절차를 활용하는 것도 방안이 될 수 있을 것이다. 이러한 소송문화 현실을 방치하고서는 제아무리 새 제도를 도입해본들 미봉책에 지나지 않는다.

또 하나 2010년을 기점으로 꾸준히 상승세에 있던 상고사건 수에 변화가 보이지 않는다는 점이다. 오히려 줄어들 가능성마저 점쳐진다. 사정이 이러함에도 상고법원 설치를 무리하게 밀어붙이면 오히려 상고심까지 가고 보자는 소송심리를 더 부채질할 수도 있다. 이래서는 사법체질 개선에 도움이 안 된다. 자칫 혹 떼려다가 혹 붙이는 꼴이 되기 십상이다.

따라서 상고사건 해결을 위해서는 우선 근본적으로 사건 수를 줄여나가는 노력을 기울임과 동시에 사실심 중심의 소송문화 정착에 힘써야 한다. 이 과정에서 필요하면 단기적으로 대법관 수를 적정하게 확대하면 될 것이다.

여기서 한 가지 더 짚고 넘어가야 할 것이 있다. 상고법원 설치와 관련해 홍일표 의원이 대표발의한 민사소송법 일부 개정안이다. 이 법안에는 대법원 사건에서 변호사 선임을 강제하는 필수적 변호사대리 제도와 국선대리인 제도가 들어 있다. 변호사 강제주의의 다른 이름인 필수적 변호사대리 제도는 과거에도 몇 차례 입법 시도가 있었다. 하지만 국민에게 지나친 부담을 지워 재판청구권을 침해한다는 이유로 번번이 무산됐던 법안이다. 게다가 국선대리인 제도는 우선 국고에서 변호사 보수를 지급하고 당사자에게 구상을 청구하겠다는 것으로 그 보수 지급 및 부담에 관한 발상 자체가 해괴하기 짝이 없다.

필수적 변호사대리 제도가 해당 법안에 들어간 연유는 모르겠다. 다만 만에 하나 이해당사자들의 암묵적 동의 아래 '끼워넣기 법률'이었다면 도덕적 해이의 전형이라는 비난을 피하기 어려울 것이다. 여건이 갖추어지지 않은 상태에서 국민에게는 당장 피부에 와닿는 권리제약으로 비칠 것이다. 이 법안에 곱지 않은 시선을 보내는 까닭이 여기에 있다. 대법원의 말대로라면 국민의 행복을 위한 법안이라는데 이래저래 마음이 편치 않다.

〈경향신문 2015. 8. 1〉

이웃과 함께 하는 따뜻한 규범을 찾아서

"어떤 사람이 예루살렘에서 예리코로 내려가다가 강도들을 만났다. 강도들은 그의 옷을 벗기고 그를 때려 초주검으로 만들어 놓고 가 버렸다. 지나가던 사제도, 레위인도 그곳에 이르러 그를 보고서는 길 반대쪽으로 지나가 버렸다. 그런데 여행하던 한 사마리아인은 그가 있는 곳에 이르러 그를 보고서는 가엾은 마음이 들었다. 그래서 그에게 다가가 상처에 기름과 포도주를 붓고 싸맨 다음 자기 노새에 태워 여관으로 데리고 가서 돌보아 주었다"[2]

성경구절에 나오는 것이지만 종교를 떠나서 많은 사람에게 회자되는 이야기이다. 오늘날 많은 국가들이 이를 본 따 '착한 사마리아인 법'The Good Samaritan Law이라고 불리는 구조불이행죄를 도입하여 제재를 가하는 추세에 있다. 긴급한 위험에 처한 사람에 대하여 구조의무는 없지만 구조할 수 있음에도 구조하지 않는 자를 처벌하는 법이다.

얼마 전 우리에게도 유사한 상황이 발생하였으나 악한 사마리아인이라는 씁쓸한 기억만 남겼다. 택시기사가 심장마비로 의식을 잃었음에도 승객인 부부는 못 본 척하고 트렁크에서 골프백을 꺼내 다른 택시를 타고 현장을 떠난 것이었다. 택시기사는 길 가던 사람의 신고로 병원에 옮겨졌으나 끝내 숨지고 만 안타까운 사건이었다.

TV 뉴스를 통하여 이러한 사실이 방영되면서 그동안 종교적, 도덕적으로만 이해되어 오던 성경 속의 사마리아인이 급속히 수면 위로 떠오르는 계기가 되었다. 어느 국회의원에 의하여 구조불이행죄를 신설하는 법안도 발의되었다.[3] 이는 무엇을 의미하는가. 현대 산업사회의 이면에 가려진 비인간화에 대한 반성과 시대에 맞는 새로운 윤리관의 확립이 우리 사회에 필요함을 말해준다.

알려진 대로 프랑스, 독일 등의 자유주의 국가뿐만 아니라 러시아, 헝가리 등의 사회주의 국가에서도 법률로 두고 있다. 특히 이 법을 '사랑조항'이라고 부르는 독일의 예에서 보더라도 법과 윤리는 별개의 것이 아님을 알 수 있다. 오히려 인간과 윤리를 외면한 법이야말로 실효성이 없음을 깨닫게 해 준다. 강제성을 띠는 법의 속성 탓에 법이 도덕의 최소한이라는 전통적 사고보다는 도덕도 법에 의하여 더 잘 실현될 수 있다는 의미에서의 법이 도덕의 최대한이라는 사고가 재조명받는 까닭이기도 하다.

온갖 국가사회적 적폐로 인하여 우울하게 한 해를 마무리해야 하는 길목에 서 있다. 법학자 이전에 한 이웃으로서 택시기사 사건을 계기로 주변이 착한 사마리아인들로 그득 찼으면 하는 소박한 꿈을 가져본다. 그것이 도덕의 명령에 의하든 혹은 법의 명령에 의하든 간에.

〈데일리팝 2016. 12. 23〉

도덕성에
편중된
인사청문회

새 정부가 출범한 지 2개월이 지났다. 그런데도 아직 행정 각부의 수장을 모두 채우지 못하고, 일부 국정 공백 상태가 이어지고 있다. 대통령직 인수위원회를 가동하지 못했던 탓도 있지만, 그것보다 후보자들에 대한 인사청문회가 녹록지 않았다는 점이 더 큰 이유일 것이다.

2000년 6월 처음 도입된 이래 올해로 17년째 접어든 인사청문회 제도는 고위공직 후보자의 도덕성과 공직 수행 자질을 검증하여 부적격자의 임용을 막자는 데 그 취지가 있다.

지금까지 청문회 문턱을 넘지 못한 후보자들은 한결같이 도덕성 문제가 가장 큰 걸림돌로 지적됐다. 해당 후보자의 도덕성이 국민의 감정에 비추어 용납할 수 없는 수준이기에 청문보고서를 채택할 수 없다는 것이다. 그렇지만 후보자의 도덕성을 판단하기에 앞서, 청문 내용이 지나치게 국민감정을 자극하는 도덕성 검증 위주로 흘러오지 않았나 되돌아볼 필요가 있다.

그동안 청문회에 적용된 대표적인 검증 잣대를 살펴보면 부동산 투기, 위장 전입, 논문 표절, 기초질서 위반, 탈세 등을 들 수 있다. 모두 개인의 이기심이나 준법정신에 관계된 것으로 이타성利他性을 필요로 하는 고위공직자로서의 기본 덕목 평가에 요구되는 최소한이라 하겠다. 하지만 문제는 이러한 도덕적인 요소들이 검증의 주를 이루어 왔다는 데 있다.

지금까지 인사청문 과정에서 해당 직무수행의 적합성이 문제가 되어 낙마하거나 사퇴한 후보자를 본 기억이 없다. 이는 일단 추천된 후보의 직무수행 능력이 뛰어났거나 아니면 아예 처음부터 문제되지 않았거나 둘 중 하나에 해당할 것이다.

인사청문 제도의 바탕에는 대통령의 과도한 권한 행사를 국회를 통해 견제하고자 하는 권력분립의 이념이 스며 있다. 하지만 지금까지의 청문은 여야 간의 첨예한 대립 구도와 맞물려 당초의 취지를 몰각하고, '윤리청문회'에 치우친 반쪽짜리 청문으로 변질되어 왔음을 부인할 수 없다. 이런 청문회라면 굳이 국회가 나설 이유가 없다.

인사청문회를 국회에 맡긴 것은 정치가로서의 전문성을 활용하여 후보자의 정책 수행능력을 검증하라는 것이다. 이런 측면에서 보면 도덕성도 해당 직무와 유관한 내용을 위주로 검증이 이뤄져야 함이 마땅하다.

오늘날 국가경영은 정책 결정자에게 고도의 직관과 지성을 요구하고 있다. 클라우스 슈밥Klaus Schwab의 말을 빌리면, 이 세상은 이미 4차 산업혁명의 시대에 진입해 있다. 수요자인 국민이 공급을 결정하는 이른바 '온디맨드on-demand 시대'에 걸맞은 정치적인 역량이 필요한 때이다. 게다가 디지털 기술의 급속한 보급과 이에 힘입은 개인의 대 국가적인 영향력이 날로 커지고 있다. 이런 현실에서 도덕성만으로 국가를 경륜하는 데는 한계가 있을 뿐만 아니라, 도덕성으로부터 경륜이 저절로 나오는 것도 아님을 알아야 한다.

그런 점에서 보면 철저하게 정책 수행능력 위주로 고위공직자를 검증하는 미국의 인준청문회가 시사하는 바가 크다. 물론 이를 따르기에는 지금의 청문 기간이 턱없이 짧다. 적어도 의원들이 정책에 대한 정보나 지식을 습득할 수 있는 시간이 필요한 만큼 그 기간을 늘리는 것도 고려해봄 직하다. 또한 도덕성 문제는 서류 검증을 원칙으로 하되, 대면 검증이 필요한 경우에도 프라

이버시에 관계된 것은 비공개리에 청문을 진행하는 것도 검토할 필요가 있다.

지금과 같은 인사청문 행태가 반복되는 한 후보자는 프라이버시 침해에 고스란히 노출될 수밖에 없다. 설령 청문회를 통과하더라도 그 후유증으로 의도한 대로의 정책 성과를 내기 어려울 수도 있다. 더 염려스러운 것은 청문회 피로감에 따른 공직 기피증으로 정작 적격 후보자를 찾기가 쉽지 않다는 사실이다. 이야말로 '쇠뿔 빼려다 소 죽이는' 어리석음을 범하는 것과 다름없다.

이제부터라도 도덕성 일변도의 검증에서 벗어나 정책 검증의 장場인 인사청문회로 거듭나야 할 것이다. 또한, 이를 제대로 작동시키는 것이 헌법이 부여한 국정 통제기관으로서 국회의 소임이다.

〈이투데이 2017. 7. 13〉

이게 사법인가

검찰개혁에 이어 법원개혁에 대한 국민 여망이 뜨겁다. 법원이 사법개혁 귀착지라는 점에서 당연한 수순으로 보이지만 사법부 스스로 자초했다는 점에 그 심각성이 있다.

끊임없이 검찰개혁이 논의되고 있는 사이에 양승태 대법원은 상고법원 도입에 총력을 쏟았다. 현직 법관이 입법 로비를 위해 국회에서 살다시피 했다는 말도 들린다. 이것이 사실이라면 일찍이 몽테스키외 이래로 정립된 삼권분립의 근간을 해치는 행위에 가깝다.

법관 사찰, 재판거래 의혹, 법원비리 수사 기밀 유출 및 비자금 조성 사건 등의 실체가 속속 드러나고 있다. 그 모습이 영리기업의 행태와 흡사하다. 자신을 지켜줄 것이라 믿었던 마지막 보루가 무너지고 있음을 보는 국민들은 참담한 심경에서 헤어나지 못하고 있다.

법관이 누구던가. 검은 천으로 두 눈을 가린 채 인간의 잘잘못을 가리고자 했던 정의의 여신 디케의 화신과 다름없다. 두 눈으로 정면을 응시하는 대법원 현관의 디케상은 우리가 알고 있는 그런 상이 아니다. 혹 이러한 변형된 상에서 나온 정의 관념이 오늘날 사법부의 암울한 현실을 초래한 건 아닌지 상상이 꼬리를 문다.

민초들은 비록 팍팍한 삶을 살아가지만 그래도 이 사회에 한 가닥 정의가 살아 있으리라는 믿음이 있었다. 그런데 최근 드러난 사법농단은 보통사람들이 가진 일말의 기대감마저 무너뜨렸다. 이는 우리 사회의 정신적 안전망의 파괴로 이어진다는 점에서 매우 심각한 문제다. 법정에서 더 이상 보편타당한 재판을 기대하기 어렵다면 사법부司法府는 사법부死法府[4]에 지나지 않는다.

한편 이를 단순히 사법부만의 문제에 국한된 것이라고 생각하면 오산이다. 이야말로 헌법이 보장한 국민주권주의에 대한 커다란 위협이다. 우리는 대한민국의 주권이 국민에게 있고 모든 권력은 국민으로부터 나온다는 헌법 가치에 확고한 믿음을 가져왔고 또 자랑스러워해 왔다. 그런데 정작 이를 수호해야 할 법원은 모든 권력이 재판으로부터 나온다고 여겼던 것은 아닌지 의구심이 든다.

김명수 대법원이 들어선 지 1년이 되었다. 이번 기회에 사법의 이름으로 자행되는 온갖 불법행위들을 걷어내야 한다. 적폐청산 작업에 대해 내부 저항이 있음도 간간이 흘러나오고 있다. 실로 외부의 적보다 내부의 적이 더 무서운 것임을 안다면 개혁작업이 생각대로 쉽지만은 않을 것이다.

하지만 어떤 이유에서든 자체 개혁이 지지부진하면 결국 국민이 나설 수밖에 없음을 알아야 한다. 따라서 하루빨리 법원을 헌법이 정한 제자리로 갖다 놓는 것이 필요하다. 그리하여 국민들의 허탈감을 치유해 주는 동시에 묵묵히 정의를 좇아 일하는 대다수 법관들의 자긍심을 고취시켜 주어야 할 것이다.

올해는 법원 70돌을 맞는 뜻깊은 해다. 그에 걸맞게 사법부 내부의 적폐를 도려내라는 국민들의 목소리도 유례없이 높다. 가뜩이나 보수적이라는 평가를 받는 사법부이기에 그 길이 험난한 것임을 잘 알고 있다. 그렇기에 오히려 김 대법원장 체제에 거는 기대가 크다. 분명한 것은 국민들이 김 대법원장의 사법부를 신뢰하고 있으며 법원 제자리 찾기 시도를 적극 지지하고 있다는 사실이다.

지금 이 순간에도 국민들은 디케를 향해 끊임없이 묻는다. 우리가 경험하고 있는 이게 사법인가를.

〈경향신문 2018. 9. 11〉

상생의 미덕

포항 내연산 계곡을 따라 올라가다 보면 상생폭포라는 이름의 물줄기가 눈에 띈다. 바위를 가운데 두고 두 줄기 폭포수가 시원스레 흘러내리는 모습이 적당히 조화롭고 의좋게 보여 좋다. 서로의 물길을 인정함으로써 조화를 모색하는데서 상생폭포라고 했음 직하다. 땀을 식히기 위하여 어느 물줄기에 손발을 담글 것인가는 오롯이 인간의 몫이다.

상생相生이라는 용어가 많이 사용되고 있다. 자연과 인간, 중소기업과 대기업, 지방과 중앙, 근로자와 사용자의 상생 등에서다. 얼핏 보아도 조화로운 생태계를 유지하는데 이보다 좋은 것이 있을까 싶을 정도로 겸손미와 배려미를 두루 갖춘 빼어난 언어다.

상생의 사전적 의미는 "둘 이상이 서로 북돋우며 다 같이 잘 살아감"을 말한다. 이는 공동체에서 서로 도움을 주고받으며 공존하는 모습으로 나타난다. 이렇듯 상생은 의젓하면서도 품격 있는 말이다. 그런 만큼 적당히 포장되기도 쉬운 말이어서 다양한 분야에서 남용되어 사용되기 일쑤다. 이는 그만큼 용어의 쓰임새에 비하여 실천이 힘들다는 것을 말해준다.

상생의 숨은 뜻 속에는 인간이 자리하고 있다. 궁극적으로 모두의 인간다운 생활을 위한 것이 그 본질이다. 한 예로 자연과 인간 간의 상생이라는 것도 인간이 인간답게 살기 위한 환경을 조성하기 위한 것이다. 인간이 자연을 해치면 자연이 재해로 보복하고 자연이 인간을 해치면 인간은 자연을 자신에 맞추어 바꿔버리기도 하는 것이다. 이렇게 되면 상생이 상극으로 돌변하게 되어 서로에게 득 될 것이 없다.

이렇듯 상생은 다른 쪽을 인정함으로써 자신도 풍요롭게 하고자 함이다. 이것이 상생의 제1미덕이다. 하버드의 철학자 마이클 샌델Michael J. Sandel의 정의가 미덕을 키우고 공동선을 고민하는 것이라면 상생은 곧 정의와도 통한다. 현재의 내 존재가 남의 도움에 힘입은 바 큰 것과 같은 이치이다. 그런 의미에서 상생은 나를 낮추고 남을 배려하는 미덕에서 출발하는 것이다.

상생을 이렇게 이해하면 이는 동양철학에서의 사물의 근본과 닿아있다. 자기가 싫어하는 것은 남에게도 강요하지 말라는 '기소불욕 물시어인'己所不欲 勿施於人이라는 논어의 한 구절도 상생의 미덕과 통한다. 그래서 논어는 또 타고난 분수를 지키며 중용의 자세를 권하는 과유불급過猶不及을 말하고 있다.

상생의 또 하나 미덕은 소비자 지향적이라는 사실이다. 이는 공존의 정점에 국민이 있음을 말해준다. 이해당사자들만의 상생은 야합으로 이어져 오히려 국민에게는 해악이 됨을 알아야 한다. 국민이 배제된 상생은 상극일 따름이다.

최근 들어 법률자격사 간의 다툼이 부쩍 심해지고 있다. 법무사와 변호사, 세무사와 변호사, 변리사와 변호사, 노무사와 변호사의 다툼 등이 대표적이다. 자유주의 경제 체제 아래서 수급의 불균형이 심화된 탓도 있을 게다. 하지만 근본적 이유는 남이야 어떻든 자신의 잇속만 챙기겠다는 이기심에서 비롯되는 바가 큰 것으로 보인다. 안타까운 것은 이들 다툼의 중심에 선망의 대상이던 변호사가 자리하고 있음이다.

국민의 눈에는 참으로 딱하게 보일 수 있음을 알아야 한다. 전문자격사들 간에 서로를 인정하는 것이 곧 자신을 위한 것이며 또 법률소비자인 국민을 위한 것이라는 정작 중요한 사실을 잊고 있는 것은 아닌지 되새겨 봐야 한다. 혹여 예비변호사로서 국민의 눈에 초록동색으로 비치는 사법기관 또한 방관자세를 취하고 있는 것은 아닌지도 진지하게 되돌아봐야 한다.

시대가 변했다. 중소기업과 대기업의 동반성장을 통하여 국민경제를 발전시킨다는 상생협력법까지 탄생한 마당이다. 법률서비스 분야에서도 예외가 아니다. 사법기관 및 법률시장이 전에 없이 혼돈의 소용돌이 속에 처해 있는 어려운 시기다. 이런 때일수록 본래 특수목적을 띠고 탄생된 법무사, 세무사, 변리사 및 노무사 등의 자격사와 무소불위의 기세로 거대공룡화되어 가는 변호사 간의 상생이 필요함은 물론이다.

국민을 위하는 마음에서라도 대승적 차원에서 자격사들 간에 더불어 나아가는 통 큰 미덕을 발휘해야 할 때다. 국민의 입장에서 볼 때 중요한 것은 변호사와 다른 법률전문가와의 상생관계야말로 시민의 법률 문턱을 낮추는 가장 손쉬운 방법이라는 사실이다.

〈서울신문 2019. 3. 26〉

법률
권위주의를
혁파하자

한국에서 법률가는 특별한 존재였다. 해방 후 군사독재정권을 겪으면서 이와 결부되어 법률가는 특권문화를 이루어 왔다. 1963년생 필자만 해도 "자식 낳으면 판검사 시키는 것이 소원"이라고 하던 부모님 세대의 말을 들으면서 법률가 경외 시절을 살아온 기억이 있다. 신파극 '검사와 여선생'[5]을 떠올리면서 사법기관에 대한 순진한 이상을 꿈꾸던 그런 시절이었다.

권위주의 하면 군사문화를 떠올리기 십상이다. 우리 사회에 군사문화가 끼친 악영향이 크기 때문이다. 군사문화와 더불어 권위주의를 대표해 온 것을 꼽으라면 법률권위주의를 들 수 있겠다. 무武에서의 군사권위주의가 지배해 오는 동안 문文에서는 법률가 특권주의가 독버섯처럼 싹터왔다. 이는 군사쿠데타로 정권을 잡은 이가 체제 옹호를 위해 법률 엘리트에 의지한 데서 비롯된 바가 크다. 군사문화가 법률문화의 촉매제나 버팀목 역할을 한 것으로도 볼 수 있는 까닭이다.

지금껏 우리 사회를 지배해 온 법률권위주의는 비뚤어진 법률문화를 형성해 왔다. 그릇된 법률문화는 이른바 '법률가들만의 리그'라는 사회병리 현상을 초래하였다. 유전무죄 무전유죄, 유권무죄 무권유죄, 어려운 법률용어의 여과 없는 구사와 전문가조차도 이해하기 쉽지 않은 판결서 등에서 정작 시민들은 소외되어 있었다.

법률가의 전문성을 문제삼고자 함이 결코 아니다. 법이 법률가 우월적 사고의 방편으로 이용되어 왔음을 지적하고자 하는 것이다. 가혹한 법보다 가혹한 법률가가 더 무서울 수 있음을 알아야 한다. 법률가들은 겉으로 시민을 내세우면서 뒤에서는 그 위에 군림해 온 측면이 있음을 솔직하게 인정해야 한다. 그것이 법률가의 남은 양심이다.

도랑을 의미하는 '구거'溝渠, 속여 빼앗는 것을 의미하는 '편취'騙取, 게을리함을 의미하는 '해태'懈怠 등을 일반시민이 쉽게 이해할 수 있겠는가. '그러하지 아니하다', '아니 된다' 등의 고어체도 마찬가지다. 단정적 표현 대신 불명확한 언어로써 본질을 애매모호하게 흐리기에 딱 좋은 법 언어다. 법률가들은 오랫동안 이런 용어를 즐겨 사용해 왔고 이런 데서 자신들의 존재의의를 부각시켜 온 감이 있다. 이 모든 것이 처음부터 잘못된 법률문화를 학습하고 경험해 온 탓이다.

권위의식은 궁극적으로 인간에 대한 근본적 애정이 부족한 데서 비롯된다. 인간애가 없는 법률가는 오히려 사회에 해악이 될 수 있다. 인간애는 타인 존재의 인정에서 출발하여 타인에 대한 관심과 배려로 나타난다. 이러한 타인에 대한 인정은 스스로에 대한 앎에서 나온다. 이 앎은 현재의 내가 오직 나 자신 만에 의해서가 아니라 타인의 도움으로 존재한다는 사실을 자각하는 것이다.

법이라는 말에는 매우 매혹적이나 딱히 손에 잡히지 않는 정의관념이 자리하고 있다. 정의는 사람 간의 관계에서 형평성을 추구한다. 나와 타인의 관계에서 보면 그것은 곧 타인에 대한 존중을 의미한다. 인간에 대한 애정이 법률가의 모든 사고와 행동의 출발점이라고 할 수 있는 이유다.

모르긴 해도 법률가들은 헌법이 선언하는 인간의 존엄성을 수십 번, 수백 번도 더 읊조렸을 것이다. 문제는 이를 머리가 아닌 가슴으로 느껴왔는가 하는 점이다. 머리로만 관념지어 온 인간 존엄성에서 타인에 대한 진정한 애정이 묻어나올 리 없다.

오늘날 대한민국 국민은 주권자로서의 지위를 확고히 하고 그 권리를 찾고자 하는 성향이 강하다. 2016년 겨울부터 이듬해 봄까지 이어졌던 촛불혁명이 이를 잘 말해 준다. 이제 국민과 유리되어서는 어떤 법도, 법률가도 더 이상 우리 사회에 발붙이기 어려운 현실이 되었음을 깨달아야 한다.

법은 주권자인 국민의 것인 만큼 국민을 위하여 존재해야 한다. 국민이 쉽게 이해할 수 있도록 입법이 이루어지고, 국민의 눈높이에서 국민을 위하여 법이 운용되어야 하며, 국민이 납득할 만한 재판이 행해져야 한다. 변호사나 법무사를 비롯한 법률가들의 법률서비스에서도 마찬가지다.

이즈음에서 한 어쭙잖은 법률가가 한국의 법률가들에게 감히 고하고자 한다. "이제 법률가들만의 리그에서 벗어나 법률을 그 주인인 국민에게 돌려주자."

〈내일신문 2019. 7. 18〉

김명수 대법원장 인사실험의 공과功過

김명수 사법부가 출범한 지 만 2년째 되는 달로 접어들었다. 그동안 시행한 것 중 괄목할 만한 하나를 꼽으라면 법원장 추천 임명제를 들 수 있을 것이다. 해당 지방법원의 법관들이 법원장을 추천하고 대법원장이 임명하는 것이다.

이는 서열문화를 없애 사법농단의 제도적 원인으로 지목되어 온 법관의 관료제화를 방지하자는 데 그 취지가 있다. 창안자인 막스 베버Max Weber도 개인을 기계의 톱니바퀴 역할로 전락시킨다며 그 획일성을 우려했던 것이 관료제다. 그동안의 사법농단 재판에서 "지시에 따랐다"는 법관들의 증언은 법관의 관료제화 및 그 폐해를 여실히 보여주었다.

지난해 12월 김 대법원장은 대구지법과 의정부지법 두 곳에 대하여 법원장 후보추천 시범실시제를 내놓았다. 이에 따라 대구지법은 법관들이 추천한 3명 중 1명인 현 손봉기 법원장이 임명되었다.

이와 달리 의정부지법은 법관추천 후보가 아닌 현 장준현 법원장이 임명되었다. 해당 지법에서 추천한 법관의 경우 사법연수원 기수가 낮고 사법행정 경험이 없다는 이유에서였다고 한다.

이 때문에 김 대법원장의 인사실험이 반쪽에 그쳤다는 일부의 평가도 있다. 하지만 이것은 일찍이 볼 수 없었던 새로운 시도다. 뿐만 아니라 향후 확대 실시가 예상되는 만큼 그리 염려할 것도 아니다. 이미 풀뿌리 민주주의에 익숙한 우리 국민에게는 시도 자체가 신선한 충격을 안겨 주기에 부족함이 없어 보인다.

법원공무원노조가 실시한 2019년 상반기 전국 법원장 다면평가 결과에 따르면 손 법원장의 경우 평가항목인 관리자 적합성 여부, 재판권 간섭 여부, 대법관 적합성 여부에서 평균 90점을 웃도는 점수로 전국 법원장 중 3위에 올라 있는 것으로 알려졌다.

법관을 제외한 직원들에 의한 평가 및 짧은 평가기간에서 오는 한계가 있을 수도 있다. 그러나 당초 법관들 만에 의한 추천이라는 점에서 보면 오히려 타당성을 엿보기에 충분하다. 또한 사법행정권 행사라는 법원장의 직무 성격을 감안하더라도 그렇다.

다만 몇 가지 짚고 넘어갈 것이 있다. 먼저 추천 주체가 법관에 한정되었다는 점이다. 독립성이 엄격히 요구되는 재판사무만을 행하는 법관이라면 이해가 간다. 하지만 법원장은 그 소속 법원에 대한 사법행정사무의 관장과 소속 공무원의 지휘·감독을 주된 임무로 한다. 법원장 추천에 일반직원까지 참여시켜야 하는 이유다.

다음으로 추천된 법관을 임용하라는 것이다. 소속 법원의 다수 법관들이 특정인을 추천한 데는 법원장으로서 직무를 잘 수행할 것이라는 믿음이 있기 때문이다.

기대와 달리 추천자가 임용되지 않은 의정부지법 장 법원장의 자질을 문제삼고자 함은 결코 아니다. 그 역시 손 법원장과 마찬가지로 지방법원 부장판사였던 점, 같은 사법연수원 22기인 점 및 평가결과 4위를 차지할 정도로 훌륭한 법관인 점을 생각하면 반쪽 실험에 그쳤다는 비판을 덮고도 남음이 있다. 그렇지만 제왕적 임용권에서 벗어나 상향식 인사를 시도해 보자는 본래의 취지를 감안하면 결과를 떠나서 아쉬움이 남는다는 얘기다.

마지막으로 추천을 개인의 감정적 요인에만 맡기기보다는 객관적 지표를 마련하라는 것이다. 여기에는 이성적·감성적 요소가 두루 포함되어야 한다. 법원장은 이 양면의 인성이 동시에 요구되는 자리이기 때문이다. 이렇게 하면 법원장으로 추천받으려는 인기영합주의 법관들을 양산할 수 있다는 항간의 우려도 불식시킬 수 있다.

대구지법 한 곳의 성과만으로 섣부른 일반화는 위험하겠지만 지금까지의 세평 및 법원 내부의 평가로 보아 이만하면 성공한 것으로 여길 만하다. 법원장 추천기준에서 더 이상 기수 높낮이나 사법행정 경험 유무가 걸림돌이 되지 않음을 알 수 있다. 오히려 추천제를 시행하면서 대법원장 자신뿐만 아니라 해당 법원장까지 소통에 터 잡은 민주적 리더십이 돋보이는 인사실험이었다.

법관인사에 이어 다섯 기수를 뛰어넘는 파격인사를 보여준 검찰총장 임명도 큰 화젯거리를 제공했다. 이러한 신선한 시도가 지금까지 깊이 뿌리박혀 온 사법기관의 기수문화 파괴로 이어져 평생법관제와 평생검사제를 안착시키는 계기가 되었으면 한다.

〈내일신문 2019. 9. 5〉

청소년 일탈, 조기 준법교육에 답 있다

지난 9월 수원의 한 노래방에서 5명의 여중생이 한 여초등생을 집단폭행한 일이 발생하였다. 코피가 심하게 흘러내리는 피해학생의 모습이 사회관계망서비스SNS를 타고 여과 없이 전파되면서 누리꾼들을 경악케 하였다. 곧이어 이 사건은 '06년생 집단폭행 사건'이라는 제목으로 청와대 국민청원 게시판에 올려졌고 게시 하루만에 20만명의 동의를 돌파할 정도로 국민적 분노를 불러일으켰다.

갈수록 청소년들의 일탈현상이 심각한 사회문제로 떠오르고 있다. 2017년의 인천초등생 사건, 부산여중생 사건에 이어 지난 9월의 수원 06년생 집단폭행 사건까지 잊을 만하면 불거지고 있다. 경찰청 범죄통계에 따르면 2018년 한 해 동안 18세 이하인 강력범죄가 2,267건, 폭력범죄가 20,617건으로 나타나고 있다. 해당 전체범죄에 비하면 10%에 조금 못미치는 수준이지만 발생 건수나 윤리도덕을 습득해 나가는 과정에 있는 예민한 연령대라는 점에서 보면 사뭇 심각한 수준이다.

청소년 범죄의 대책에 대하여는 우리 사회의 의견이 극명하게 엇갈리고 있다. 법적인 소년의 연령이나 형사미성년자의 연령을 하향조정하여 엄벌하자는 입장과 청소년은 육체만 성인일 뿐 정신적으로는 미성숙한 존재이므로 보호 위주로 나가야 한다는 입장이 그것이다. 서로 상반된 해결책이지만 어느 하나도 완전히 포기할 수 없을 정도로 그 나름의 효용성을 지니고 있다. 하지만 전자는 처벌에 의존하고 후자는 재발 방지의 성격이 짙다는 점에서 이와 별개로 좀 더 근본적인 예방책을 강구할 필요가 있다.

그 궁극적인 답은 어릴 때부터의 준법교육에서 찾는 것이 옳다. 다만 지금까지 행해져 왔던 것처럼 법의 개념이나 내용을 나열하는 식의 교육이어서는 안 된다. 고교 교과의 '정치와 법'이 그렇고, 법무부 발행의 '청소년의 법과 생활' 책자 또한 그 범주를 크게 벗어나지 못하고 있다.

청소년기의 법 교육은 법 내용의 학습보다는 공동체 구성원으로서의 준법정신을 함양하는 데 중점을 두어야 한다. 방대하고 어려운 법 지식을 짧은 시간에 소화할 수도 없을 뿐만 아니라 그러한 교육은 법치주의와 준법정신의 습득에 큰 도움이 되지 않기 때문이다.

준법교육은 내가 왜 법을 지켜야 하는가라는 의문에서 출발하여 그에 대한 해답을 찾아가는 방법으로 이루어져야 한다. 내가 법을 지키지 않으면 자신이나 다른 사람에게 어떤 피해를 주며 어떻게 공동체를 파괴해 나가는지를, 반대로 내가 법을 지키면 어떤 이로움이 있는지를 스스로 체험하고 깨닫게 하는 산교육이어야 한다. 이는 법 교육이 단순한 지식전달이 아닌 어릴 때부터 법의 필요성을 느끼고 준법정신이 몸에 배게 하는 체화교육 프로그램이어야 함을 말해준다.

수년 전 경찰공무원 채용을 위한 면접위원을 역임한 적이 있다. 당시 준법정신 및 도덕성 테스트 항목에서 "살아오면서 법을 위반한 일이 있는가"라는 질문을 한 적이 있다. 안타깝게도 필자가 원하는 답을 얻을 수 없었다. 대부분의 수험생들이 법 위반사실이 없다고 하거나 혹은 가벼운 무단횡단 한 차례 정도가 전부라는 답을 들은 것이 고작이었다.

그 또래에 중소도시에서 학창시절을 보내면서 무단횡단을 큰 죄의식 없이 수차례 저질렀던 필자 주변의 모습과는 너무 차이가 있는 것 같아 오히려 당황스러웠던 기억이 있다. 필자의 도덕관이 그들에 미치지 못함을 스스로 돌아보면서도, 또 한편으로는 사설학원에서 학습된 획일적인 대답을 하는 것은 아닌가라는 생각에 이르러서는 지금도 씁쓸한 마음이 들 때가 있다.

법을 위반한 자에게는 형벌과 교정이라는 제도적 장치가 있기는 하다. 하지만 그것은 어디까지나 사후장치에 불과할 따름이다. 좀 더 일찍부터 준법정신을 고취시켜 건강한 사회공동체를 유지케 하는 교육이야말로 청소년 문제의 근본적인 해결책이라고 본다. 입법도 중요하지만 이를 지키게 하는 것이 더 중요하다. 그래서 제안한다. 최소한 초등학교부터라도 준법교육을 독자적 교과로 편성하여 실시하자고 말이다.

〈머니투데이 2019. 12. 22〉

빼어난 법률가는 문학가다

최근 들어 열풍이라고 할 정도로 인문학에 대한 관심이 부쩍 드세다. 산업사회의 소용돌이 속에서 일찍이 맛보지 못했던 물질적 풍요를 경험하면서 사람들은 이를 한껏 누려왔다. 이런 세태가 계속되면서 마음속 깊이 내재되어 있던 인간 본향에 대한 그리움을 느끼기 시작했음 직하다. 이것이 인간본성에 대한 갈구로 이어져 인문학 열풍을 불러일으키고 있는 것으로 보인다.

인문학은 humanities로 표현되는 용어에서 알 수 있듯이 우리가 즐겨 말하는 휴머니즘의 발원이다. 그 밑바닥에는 인간의 존엄이라는 불가침의 영역이 자리하고 있기에 시대와 장소를 초월하는 가치를 품고 있다. 14세기 무렵 유럽에서 싹튼 르네상스 정신의 중심사상도 인문학으로 요약할 수 있다.

법 또한 인간의 사회생활에서 유래된 것으로 정의를 지향하는 데서 그 근본에는 인간의 존엄이 자리하고 있다. 법의 법인 헌법에서 인간존엄권이 기본권의 기본권으로 불리는 이유다. 이는 과거 유명 법학자들이 동시에 인문학자이기도 했던 사실에서도 알 수 있다. 젊은 베르테르로 고뇌했던 괴테가 그랬고, 20여 년에 걸쳐 법의 정신을 깨친 몽테스키외가 그랬다. 물론 그 외에도 이런 위인들이 수도 없이 많다.

저명한 미국의 철학자 마사 누스바움Martha C. Nussbaum은 사법적 중립에 충실한 법관을 '문학적 법관'이라고 한다. 그에게 시인은 곧 재판관으로 모든 사물들이나 특성에 과하지도 부족하지도 않은 적당한 비율을 부여하는 데 가장 탁월한 인물로 묘사된다. 시인이 품고 있는 문학적 상상력이야말로 법관의 가장 중요한 자질이라는 것이다.

법관은 사법절차의 마지막 판단자라는 데서 문학적 상상력이 매우 중요한 덕목으로 요구된다. 하지만 그것은 비단 법관에게만 요구되는 것은 아니다. 이 중립적이며 유연한 지성은 사법절차에 관여하면서 판단자료를 제공하는 재판 이전의 모든 법률종사자에게도 요구된다.

하지만 현실 세계에서는 체계적인 법학교육을 받고 법적 사고로 길들여진 법학적 법률가를 지향하는 문화가 지배하고 있음을 볼 수 있다. 이들의 속성은 법이라는 수단의 잣대로만 사물을 판단하려 한다는 것이다. 거기에 경험이나 환경적 요인과 법 이전의 자연적 사정이 주요 잣대로 등장할 여지가 크지 않다. 법적 사고를 법학적 사고에 한정하려 함이다. 이러한 법학지상주의 경향이 경직된 사고를 낳으면서 법률가의 한계로 작용해 왔다.

이렇게 보면 사법적 중립성에 있어서 법학적 법률가는 문학적 법률가에 비할 바가 아니라는 추론에 이른다. 이것은 법률가로서 근본적 덕목의 부재를 말하는 것이기도 하다. 중립성은 자신만의 사고에서 벗어나 여러 직접·간접의 경험에 의한 유연한 사고에서 더 잘 기약될 수 있다. 이를 객관성으로 이해하면 판단의 소재가 다양할수록 독단으로 흐를 가능성은 낮다고 할 것이며 판단의 소재는 곧 문학적 상상력에서 나온다는 것이다.

결국 빼어난 법률가는 법학적 지식과 인문학적 소양의 결합에서 나옴을 알게 해준다. 중립적인 판단자일 것을 요구하는 법관에게 있어서는 더욱 그렇다. 훌륭한 건축도 토목의 기초 없이는 그 진가가 발휘될 수 없다는 점에서 이 두 가지 소양은 흡사히 건축과 토목으로 설명될 수 있다. 이를 인성논의로 확대하면 법률가의 무미건조함도 인문학적 소양의 부족과 관련지어 설명될 수 있다.

인간의 정신적 상처를 돌보고 치유하는 면에서 법률가는 일면 의사와 닮았다. 의사가 히포크라테스 선서로부터 흰 가운을 걸치듯 법률가도 인간애로 무장되어야 한다. 정의의 여신 디케의 저울도 인간존중 의식이 뒷받침되면서 제대로 된 평형상태가 유지될 수 있으리라 여겨진다. 이러한 정의 개념은 사람들의 역량 발휘를 위한 자유 보장을 주장하는 누스바움의 정의관과도 궤를 같이한다.

법학적 법률가의 극복은 불가능한가라는 물음에 대하여 단언컨대 그렇지 않음을 말하고 싶다. 현재 행해지고 있는 법률가의 진입경로가 누구나에게 열려 있고 로스쿨 제도의 취지 또한 마찬가지다. 이러한 다양성 속에서 법률과 그 운용도 인간존엄을 유지하기 위한 본래의 모습을 되찾을 수 있다. 모든 것은 결국 법률가 스스로의 인식 문제다.

〈머니투데이 2020. 2. 12〉

법률을
시민에게
돌려주자

법과 도덕의 관계에서 법은 도덕의 최소한이라지만 최대한으로도 불린다. 도덕 중에서 최소한 일부는 반드시 강제성을 띠는 법으로 규제할 필요성이 있으며, 한편으로 이러한 법적 수단을 통하여 도덕을 실현한다는 면에서는 최대한이다.[6]

대한민국의 주권은 국민에게 있고 모든 권력은 국민으로부터 나온다는 헌법조항은 법을 잘 모르는 시민에게도 잘은 몰라도 안도감을 주기에는 충분하다. 거기에는 민주시민으로서 개인의 주인의식과 자긍심이 담겨 있다고 여기기 때문이다.

국민이 주인이라는 것은 법률의 제정, 집행, 재판 및 법률가의 행동양식과 같은 모든 법률 분야에서 시민이 그 중심에 있어야 함을 말한다. 이런 까닭에 시민을 무시하거나 억압하는 법률은 악법이라는 오명에서 벗어나기 어렵다. 시민을 사익을 위한 객체나 수단시하는 법률가가 환영받지 못하는 것도 그런 이유에서다.

주인인 국민의 존재는 입법 단계에서 법 제정의 주체로서 나타난다. 그래서 민주사회의 입법은 시민에 의한, 시민을 위한 시민입법이어야 한다. 시민이 주체인 동시에 객체이므로 무엇보다도 우선 법률용어의 의미가 분명하고 이해하기 쉬워야 한다. 우리와 같이 성문법 체계를 취하는 경우에야 말할 나위가 없다.

법의 집행에서도 마찬가지다. 법 집행은 다수이익을 공리公利로 보아 좇는 것이 일반적이지만 주인인 시민을 대상으로 하므로 절제되고 품격 있는 행사가 요구된다. 시민은 타고난 인권의 주체이므로 법 집행의 범위와 방법에 있어서도 적정해야 한다. 주권자인 국민을 떠올리면 법 집행이 어떻게 이루어져야 하는지는 명백하다.

대부분의 인권침해가 법의 집행과정에서 발생하고 있다. 행정은 집행의 다른 말로서 입법목적을 그 취지에 따라 실현하는 행위다. 그래서 입법에서는 정의 이념이 지배하지만 집행은 입법목적을 달성하기 위한 합목적성 이념의 지배를 강하게 받는다. 경찰, 검찰의 법 집행과정에서 인권침해가 많이 발생하는 것도 이러한 집행절차의 특성과 무관하지 않다.

시민이 주인이어야 함은 사법에서도 매한가지다. 몽테스키외도 법관은 피고와 동등한 신분이나 위치에 있어야 재판의 신뢰가 유지된다고 하면서, 국가조직과의 관계에서 정치적 자유를 형성하는 법의 정신을 설파하고 있다. 법정에서 당사자석보다 높게 설계되어 있는 법관석이 유난히 높아 보이는 것도 그 때문이다. 법의 원리를 떠나서도 법관은 심판자일 뿐 재판에서 진정한 주체는 시민이라고 해야 한다.

한편 사법의 분야에서도 입법에서와 같은 문제가 존재한다. 재판의 결정체인 판결문 곳곳에서 낯선 용어를 어렵지 않게 볼 수 있다. 백번 양보하여 그것을 원래의 법 문구 탓으로 돌리더라도 정작 이해 못할 것은 문장 독해의 어려움이다. 일반 글과 비교하여 문장이 지나치게 길고 주술관계와 수식관계가 분명치 않아 문장의 의미가 애매한 경우를 많이 봐왔다.

이 정도면 판결문에 독자성을 부여하여 판결문체로 이름 지어도 무리가 아닐 듯싶다. 사정이 이러니 법률전문가조차도 판결의 의미를 파악하기에 곤란을 겪는 때가 한두 번이 아니다.

어려운 법 언어의 구사에서 법률가의 권위가 나온다고 여기는지 모르겠다. 하지만 한글세대가 주축을 이루는 오늘날에 그것은 극복해야 할 폐해의 하나로 지목되고 있다. 빈번한 상소 유발 및 당사자의 방어권 침해로 인한 재판받을 권리의 실질적 침해도 이와 무관치 않다고 보면 분명 심각한 문제다.

법률가 중심의 사고는 법률전문가의 실제 활동에 있어서도 별반 다르지 않아 보인다. 아직도 다른 분야에 비하여 법률자격사들의 접근 문턱이 높다는 말이 여기저기서 들린다. 문턱은 법률권위주의와 예상을 뛰어넘는 사건의뢰비용에서 비롯되는 것이 큰 만큼 시민의 눈높이에 맞추려는 노력이 필요하다.

누누이 말하지만 법은 법률가의 전유물이 아니다. 그것은 시민의 자유롭고 평화로운 사회생활을 영위하기 위한 수단으로 존재한다. 그런 이유로 법률과 그 운용은 철저히 시민의 입장에서, 시민을 위해 행해져야 한다. 이것이 법률을 시민에게 돌려주는 것이다.

〈머니투데이 2020. 5. 14〉

주(註)

1. 2012년 말 한상대 검찰총장이 대검찰청 중앙수사부 폐지를 추진하자 검찰 내부의 반발이 있었다. 이 과정에서 한 총장은 최재경 중앙수사부장이 수사를 받던 검사에게 언론대응 방식을 조언했다며 최 중앙수사부장에 대한 감찰 지시를 한 것으로 알려졌다. 이에 중앙수사부 폐지에 대한 검찰 내부의 반발과 맞물려 대검찰청 검사장급 간부들이 한 총장의 퇴진을 요구하였고 결국 한 총장이 사퇴하였다. 이를 두고 '검란'으로 표현하고 있다. 대검찰청 중앙수사부는 2013년 역사의 뒤안길로 사라지게 된다.

2. 성경의 누가복음 제10장 제30절-35절에 나오는 내용이다.

3. 우리 형법은 도움을 요하는 자를 보호할 법률상 또는 계약상 의무 있는 자가 유기한 때에만 유기죄로 처벌하고 있으며(제271조), 신의성실이나 사회상규 등에 의한 구호의무로 인한 긴급구조의무위반죄는 규정하지 않고 있다. 따라서 지나가던 사람이 강물에 빠져 허우적거리며 살려 달라는 사람을 못 본 채 지나쳐도 처벌할 수 없게 된다.

4. 중립성을 잃은 사법부는 죽은(死) 사법부(司法府)라는 의미에서 사법부(死法府)로 표현하였다.

5. 1936년 김춘광(金春光)이 쓴 신파극이다. 할머니를 모시고 사는 가난한 초등학생인 제자를 돌본 여선생이 후에 남편과의 관계에서 억울한 살인 누명을 쓰고 재판을 받게 되는데, 후에 검사가 된 가난했던 학생이 담당

사건의 검사로서 진실을 파악하고 오히려 무죄를 주장하여 무죄선고를 받게 한다는 내용이다.

6. 독일의 철학자 옐리네크(Georg Jellinek)가 법은 도덕의 최소한이라고 주장한데 대하여 독일의 사회주의 경제학자 슈몰러(Gustav Schmoller)는 법이 도덕의 최대한이라고 주장하였다. 전자는 법의 소극적 역할을 강조하고, 후자는 법의 적극적 역할을 기대하지만, 강제성을 띤 법을 수단으로 도덕을 유지한다는 점에서 공통된다고 볼 수 있다.

추천의 글

이 책의 저자 최영승 대한법무사협회장님과 저는 닮은 점이 참 많습니다.

저는 평생 법이 '권력의 흉기'가 아니라 오직 '국민의 무기'여야 한다는 신념으로 살아왔습니다. 시민 누구나 법이라는 우산 아래서 행복하고, 공정한 삶을 누릴 수 있는 서울을 만들겠다는 꿈을 꾸어왔습니다.

최영승 대한법무사협회장님은 십수년을 형사법학자로서, 시민운동가로서 검찰개혁과 공수처 설치, 수사권 조정, 온전한 자치경찰을 일관되게 주장하며 고민하고 실천에 앞장서 오셨습니다.

그렇게 저와 저자는 법의 테두리 안에서 살면서도, 여전히 잘못된 제도와 법의 높은 문턱 때문에 피해를 보는 우리 주변의 시민들을 위해 함께 이 시대의 사법을 고민하고 부조리를 바로잡으려 노력해 왔습니다.

시민이 주체가 되는 법을 간절히 그리며 『이 시대의 사법을 고민하다』라는 책에는 그동안 법학자, 시민운동가로서 현재는 대한법무사협회장으로서 사법개혁 담론에서 출발하여 시대와 시민의 인권을 고민하고, 시민과 가장 가까운 곳에서 법률권위주의를 타파하고 법률의 문턱을 낮추어 온 저자의 이야기가 담겨 있습니다. 책을 보면 저자의 살아온 모습을 그대로 보게 됩니다.

이 책에서 저자의 고민들은 끝이 아니라, 현재 진행형으로 계속되고 있다는 점에서 큰 기대를 가지게 됩니다.

시민이 법률의 주인이 되고, 주체가 되는 시대를 만들어가는 최영승 협회장님의 노력이 이 책을 통하여 더욱 많은 사람들과 공유되고, 함께 꿈꾸고 고민하면서 실현되어 가기를 희망합니다.

2020. 6. 10.

서울특별시장 **박원순**

• • •

추천사를 쓴다는 것은 참으로 어렵고 고민스러운 작업이다. 특히 저자에 대한 존경과 신뢰가 넘쳐나는 경우에는 더욱더 그렇다. 그럼에도 불구하고 추천글을 쓸 용기를 낸 이유는 “좋은 것은 나눈다”는 평소 저자의 마음을 공유하고 싶어서였다.

‘겸손과 열정’, 저자를 보면 항상 떠오르는 단어들이다. 대한법무사협회장인 저자를 보면 처음에는 온화하고 겸손한 인품에 끌리다가, 만남이 지속되면 그 뜨거운 열정에 감탄을 금치 못하게 된다.

저자는 법학자이자 시민운동가이자 생활법률 현장에 있는 법무사이다. 지식을 나누고자 하는 학자로서의 소명의식에서 겸임교수로 대학강단에 서 왔다. 또한 사회의 불합리에 침묵하지 않고 오랜 시간 참여연대에서 시민운동가로 사법개혁에 앞장서 왔다.

저자는 기고와 연설문을 대필 없이 직접 작성한다. 하나하나의 글에 자신의 철학을 담고 책임지겠다는 것이다.

이 책에도 검찰개혁, 공수처 설치, 수사권 조정과 같은 현재 사법개혁의 이름으로 논의되는 모든 현안과 인권보장, 적법절차와 같은 양보할 수 없는 원칙에 대한 깊은 고뇌가 담겨 있다. 무엇보다 인상 깊은 것은 법률이 시민을 위하여야 한다는 민본사상이 깊게 녹아 있다는 점이다.

사람과 사물에 대한 저자의 겸손과 열정을 고스란히 느낄 수 있는 이 책을 일독하며 저자와 함께 우리 사회의 정의에 대하여 생각하는 시간을 가져보기 바란다.

2020년 6월 10일

대한변호사협회장 **이 찬 희**

이 시대의 사법을 고민하다

초판 인쇄 2020년 6월 20일
초판 발행 2020년 6월 30일

지은이 최영승
펴낸이 박노일

총괄기획 김중용 · 최준규
편 집 심성보

펴낸곳 pnc publishing and culture 피앤씨미디어
경기도 고양시 일산동구 강송로 153 310-1501
등록 제396-2012-000203호
전 화 070)7550-3758 팩 스 02)718-8554
홈페이지 www.pncmedia.co.kr 이메일 pnc@pncmedia.co.kr
ISBN 979-11-5730-746-3 03360

정 가 15,000원